後藤清春

HP「斎藤教授学講座」より

# 人間と教育の可能性

http://www.asahi-net.or.jp/~bj6k-gtu/

## 斎藤喜博が求めたものを求め続けて

一莖書房

# 序に代えて

野村　新

斎藤喜博は七十年の生涯を懸けて子どもの可能性に生きた。その教育の事実をつくり出し理論を追究し続けた。副題にもあるように、著者・後藤清春は若き日から校長としての現在に至るまで、教師としての生き方を斎藤に求めて教育を実践してきた。後藤は、斎藤をとおしてほんものの教育に触れて、自分の実践の慚愧、悔恨からほんものの教育への憧れを持ち、愚直なまでに斎藤を追い求めていったのである。

斎藤は、「授業で勝負する」と授業を中核にして子ども一人ひとりが人間として生きられる世界を、教室に学校につくっていった。人間は知的・創造的存在であり、学習的存在である。子どもは知性や創造性、感性を燃焼して知的活動に生きるとき、人間としての喜びを持つ。また、人間は自分の生き方を追求し、自分の思想や自分の文化を持ち自分を持つことを願う存在であり、それを様々な形で表現しようとする存在である。それが実現されるとき人間としての生きる喜びを持つ。斎藤は、子どもをそのような存在として捉え、学校において授業の中でそれを実現して、子どもの無限の可能性を開いていった。授業で子どもが生きられる質の高い教材が選ばれ、教材の本質追求がなされるとき、子どもと教師の知性と感性が豊かに磨き上げられる。この事実を斎藤に学んで後藤も教師として厳しく授業を創造したばかりでなく、教頭・

校長になっても介入授業をするなどして授業を学校教育の中心において実践した。管理職になると授業から遠ざかる者が多い中で、この点においても斎藤から執拗に学び続けた。

二十一世紀を新しい知の世紀としなければ人類に未来はない。知を育てる場の中心は学校教育であり、その中核は授業である。斎藤はその教育の事実をつくり出し批判を仰ぐために教育を公開した。後藤の場合も同様であった。斎藤が全国各地から集まった教員を初め研究者や文学者などに島小学校で学校公開をしたのに対して、後藤は全学挙げての学校公開が無理なら学級の公開をと考えて学級公開をして実践を批判に晒した。そのやり方は斎藤を感心させ「全国初」として高く評価させた。

授業で開かれた子どもの可能性が表現活動によってさらに豊かに開花し、それが教科の授業と還流して相乗効果を生み出す。そのことを斎藤に学んだ後藤は、子どもたちだけでなく、保護者を初め、地域住民をも巻き込んだ総合表現を実践し学校公開を実施した。母親たちのコーラス「LCA（レディースコールあかね）」を組織し、公開研究会には、地域の人々をも出演させるなどして群読合唱構成表現「光りあふれよふるさとの大地よ」を見事に成功させたのである。私もこの公開研究会に参加して、その見事さに言葉を失った。作品としての価値はもちろん、その活動をとおして地域を変え、地域の文化を創造して、地域を生き、地域を誇りにする子どもたちと地域住民をつくり出した。

これはまさに新学習指導要領の総合的学習の時間や地域に根ざした教育の先駆的活動である。

教科の授業で磨き上げられ鍛冶された知性や感性、創造性、芸術性が、表現活動によって総合化されて開花する。授業を抜きにしては如何なる学校教育も成立しないことを実証した。現在、教師たちの間に授業離れが起こり、後藤も慨嘆するように教師の中にはハウツーものに流れ、対症療法的教育に走り、教科の授業とは無関係な総合的学習の実践が目に付くが、新学習指導要領が意図する総合的学習の時間は、本来このように授業を基盤にした活動であるべきであり、教科の授業に還流させていくようにすべきである。

また、新学習指導要領では、これまでの全国一律の画一的教育を転換した「地域に根ざす教育」が企図されている。国際社会にあっては、自分の思想や自分の文化を持つ者が他者のすばらしさを理解できて他者を尊敬し他者と共生できるわけで、地域を生きる者が世界を生き、今を生きる者が未来を生きるが、地域の自然や歴史や文化に根ざし、地域性、市民性に立つ教育が今、求められている。

斎藤は授業を中核にしながら、利根川などを教材に地域を生きる子どもの教育をすでに実践した。授業参観日を発展させて母親との共同研究をしたり、「旅愁」や「シューベルトの子守歌」「緑の山河」などを合唱して文化の芽を育てたりして、子どもの図画の作品を見ることをとおして、親と教師の子どもを見る目を育てていった。その会には教育に無関心であった多忙な農村の主婦がやがて百パーセントに近い出席をするまでになった。その一方で、保守的な村を変革するために、東京大学の宮原誠一研究室の協力を得て、島村の全村民を対象に教育・文化・生産にわたる学習運動として「全村総合教育」を組織するなどした。「全村がよくなることによって学校教育もよくなる」と考えたのである。それにならって後藤も同様に校区の母親たちを対象にＬＣＡを組織したり、地域の自然と歴史と文化を題材に総合表現を創作して地域の人を参加させ、専門家の力を借りるなどしてすぐれた教育の事実をつくり出し、子どもと学校教育に対する地域の人々の意識を変えていった。それは現在の学校評議員制度などに見られるような社会的説明責任としての、単なる開かれた学校論や地域住民の力を借りる学校教育とは質を異にして、学校教育を変革することによって地域を変え、地域が変わることによって学校教育が変わるとするものである。事実として、子どもたちは地域の人々の知恵や生き方に学んで、人間のすばらしさと地域に対する誇りと自分への誇りを持つ子どもとして変革され、そのことによって、地域の人々も子どもに対する見方や学校教育への考え方を変えられていったのである。

斎藤は子どもが自分の思想を持ち文化を持つためには、教師も豊かな文化を持たねばならないとして、教師の文化性を主張して様々な試行をし、自らも土屋文明を師と仰ぎ、アララギの歌人として生きた。それが斎藤の教育実践の拠り所であった。斎藤の自宅の庭には土屋文明が住んでいた川戸の地から持ち帰って植えた朴の木がある。歌に「ほほの葉はほぐれ開きぬ帰り給ふ君追ひゆかむ希ひわくとき」などがある。これは後藤にとっては徳田白楊との関係に似ている。偶然と言いながら白楊は斎藤と同じアララギの歌人であり、その選者は同じく土屋文明である。両者の関係の仕方は全く違いながら、後藤は精神的にはそれに似た情念・畏敬の念を持ち、文化性を追求して、その光を教育に照射していった。

斎藤が教育者として生きた時代と後藤が生きる現在とは、社会状況が異なるという人がいるが、後藤が指摘するように、教育の真実に生きる者にとっては斎藤の時代も今と同様にかそれ以上に困難な時代であった。戦前・戦中の軍国主義の時代にあって、斎藤は「こういう時にこそ自分の持ち場である教室のなかに」真の教育を実践しようとして実践した結果、きびしい批判を受けた。斎藤の歌に「人も物も徴用出来る時代ぞと強きこと言われ今日一日をりぬ」（昭和十三年）とあるように、校長から脅迫された。また戦後にあっては、斎藤のすぐれた教育実践を妬む者たちから「二十坪教室派」「授業だけやっていても教師の自己満足で、この汚れ切った時代も世の中も変えることはできない」と校長会や組織・団体から批判・中傷・妨害されながら、斎藤は授業で勝負して「政治を超える授業」、「時代を変革する授業」を追求した。それだけではない。退職後斎藤が指導に入った学校や教授学研究の会の会員が実践しようとする学校に対しても、校長会や教師集団や組織から批判・中傷・妨害を受けた。斎藤の時代も、現在とは比較できない程厳しい状況にあった。いずれの時代もほんものの教育を実現しようとすれば、後藤の言うように、まさに「顔のひん曲がる思い」をして実践しなければならない現実がある。人は誰でも現状に安住しようとする。その方が楽だからである。

特定個人を指標として教育を考え実践することは、狭い世界にいるだけだと言う人がいるかもしれない。後藤は文中で「斎藤喜博への個人崇拝」ではないかとの批判を受けたことについて触れている。しかし、斎藤喜博の世界は広い。追い求めても追い求めても、その広さ深さは限りなく続く。それは斎藤自身が、学べる者からは誰からでも学ぶ人であったし、「停滞は堕落の始まり」として、自己否定に自己否定を重ねながら教育創造をして留まることを知らなかった人である。教育実践する教師や教育研究者から学んだことはもちろん、文学者や画家、さらには自宅の家を建てた大工や庭師からさえ授業や表現活動の構成の在り方を学んで授業に活かし、そして誰からよりも子どもたちから学んで教育を創造し、教授学を追求した人である。しかも斎藤は「あかときを目ざめて何に涙ぐむ少年の日の如くさびしく」、「苦しげに一羽遅れて行く鷺よ見つつ夕べをせつなくてゐる」の歌にあるように、苦悩し、心さびしくしながら、自らを一羽遅れて行く鷺になぞらえて、若き日からまさに死のときに至るまで教育について探求し続けた人である。

後藤の実践は斎藤の単なる模倣ではない。親を変え教師を変え、地域を変え、そのことによって子どもの可能性を大きく開いていったのである。たとえ模倣であっても、ここまで出来るには後藤が随所で述べているように、まさに「顔のひん曲がる思い」をして実践しなければ実現できるものではない。それはあくまでも後藤のオリジナリティである。後藤は、行き詰まれば「このようなとき、斎藤先生だったらどうなさるであろうか」、と絶えず斎藤に問いかけながら、あるいは気づかなかった子どもの言動のすばらしさや豊かさを発見して「斎藤先生が言われたことはこのことか」と、感動しながら、ひたすらその道を行ったのである。

かつて斎藤喜博に師事しながら多くの人が斎藤から離れていった。中にはまことに要領よく利用できるところだけを利用して離れていった者もいる。それだけではない。批判者・中傷者の側に回わった者もいたし、そのお先棒をかつぐ出版社もあった。そうした中で後藤は教師として愚直に斎藤を追い続けている。

ホームページで講座を開くなど、まさに情報社会である。この様式は教育研究の在り方の一つとして有効である。文中ではアクセス数五七六三二件、それを見て意見を出したもの二万件以上という。自ら実践し介入し、自分を晒して恥をかき批判を仰ぎながら、(この本の中には見て出した意見は一部しか見られないが)、その批判・意見を栄養にして教育の事実をつくり上げたのである。斎藤が存命されていたら、さぞ感嘆されるに違いない。

二十一世紀は世界のすべての人が人間としての尊厳を持って生きられる新しい知の世紀にしなければならない。「生きる力」は人間の知に支えられた生き抜く力である。高度な複雑な現代社会を生き抜くためには、豊かにして鋭敏な知性と感性を持って、したたかに、しかも心豊かに生きて、地球市民として生きる者とならなければ人類に未来はない。先日の中央教育審議会初等中等教育分科会で、私は、現在、知の教育を軽視した総合的学習の時間の実践があるなど、教師たちの間に二項対立的に教育を考える風潮があり、そのために授業離れが起こっていることの問題性を指摘した。

知を否定しては自ら学ぶことも考えることもできない。知的存在としての人間にとって知の教育は優れて人間的である。いじめ、学級崩壊、少年の残虐な殺人等、人間存在そのものを否定するような事件が多発している。子どもたちはなぜ荒れるのか、それは、家庭に、学校に、地域に人間として生きる場がないからである。たとえ状況がどうあろうとも、学校だけは子どもにとって「最後の砦」となるべく斎藤や後藤が実践したように、知を磨く授業を中核にした学校教育を創造して、子どもが人間として豊かに生きられる場をつくることを、今、始めようではないか。

（前大分大学長）

# まえがき

本書は、インターネットサイトの個人ホームページ『後藤清春の仕事部屋』（http://www.asahi-net.or.jp/~bj6k-gtu）の中の『後藤清春の斎藤教授学講座』一三六回までの講座（第一期）から抄出してまとめたものである。単行本化に際してかなり修正削除及びリンクページの「教育実践の部屋」他から関係のページを資料として挿入したりもした。そういう意味ではホームページからのいわゆるネット本とは言っても、一つの独立したものである。

また『人間と教育の可能性』というタイトル、そして「斎藤喜博が求めたものを求め続けて」という副題をつけたが、「子どもの教育」「子どもの学力」のことがいろいろ言われている現代、「子どもの可能性を事実として引き出し、『人間としての子どもの学力』を創り出した斎藤喜博の実践」は、今こそタイムリーなものであるという確信があるからである。そして、今からこそ「人間の限りない可能性と正面から向き合い、斎藤教授学による教育の可能性を挑戦し続けなければならない」という思いも強いからでもある。

二十代半ばの三年間を大分県からの県外派遣教員として埼玉県八潮市立八潮第二小学校（現八潮市立潮止小学校）に勤めたことを除けばすべて大分県の山の中の小学校で仕事をしてきた

私の、その時々の事実や願いや思いを率直に綴ったホームページ『後藤清春の斎藤教授学講座』が開設以来三年でアクセス数六万件を超えるというのも、「斎藤喜博的ほんものの教育実践」を求める時代の要請もあったからではないだろうかとも思うし、あるいは現代の「学校の荒廃」「教育の退廃」「授業の衰退」からの脱却再生を求める若い人の「藁をもつかむ思い」が「斎藤喜博」という名前にひかれて積み重なった結果かもしれない。

ところで、幕末の教育実践家に吉田松陰〈一八三〇〜一八五九〉がいる。(「吉田松陰の思想と教育」というのが私の大学の卒業論文でもあった。普通、松陰は「幕末の志士」と言われるが、敢えて今私は「教育実践家」と呼ぶ)その主著に『講孟余話』がある。これは「ペリーの黒船」に頼んでアメリカ行きを希望したが断られ、当時の国禁(鎖国令)を犯したために囚われ獄中にあった松陰が、同囚の人たちに『孟子を講じた講座』から始まっており、後に獄を出ても継続され、一書にまとめられたものである。「孟子を取り上げてはいるが、常にその時々の政治、経済、社会問題や松陰自身の考えや実践を語り、問う」という姿勢に貫かれた書である。孟子を論じながら孟子の解説(訓詁註釈)をするのではないというところが松陰らしい好書である。最初『講孟劄記(コウモウサッキ)』としていたが、松陰自身、『劄』(サツ)に「針で自らを刺す」というような意味を感じ、やや過激に過ぎる、あるいは講座の内容と合わないということもあって「余話」としたという。

私のホームページ「斎藤教授学講座」もまた、『斎藤教授学余話』にしたいと思って連載してきたものである。だから斎藤喜博のあるいは斎藤教授学の説明や解説・分析（系統的な「学としての体系化」）などは最初から放棄している。そういうことは専門の研究者に任せてきた。だから、「人間と教育の可能性」を追い求めてきたとはいえ、一回一回の講座は、実際には、斎藤喜博の実践や文章に憧れ、触発されて行ってきた私の拙い教育実践を断片的に綴ったものにすぎないものである。

いわば、本書は私、後藤清春の三十年余の「試行錯誤の連続、一人の平凡な教師の本当にたどたどしい体当たりの教育実践記録集・もっと言えばエピソード集」でしかない。そういう意味では『斎藤教授学私話』と言うべきかもしれない。

もちろん本書が、「斎藤教授学への入門書」になることも願わないではないが、読者の洞察見識に依拠しつつ、せめて「斎藤喜博の実践」に出会う誘い水となることを密かに思う。「本物の教育実践」によって「子どもが人間らしく本質的に楽しむ学級や学校」が一つでも生まれればと思うばかりである。書名の言葉どおり、これからの新世紀の教師や大人が、「人間と教育の可能性」の世界へ一歩でも踏み出すきっかけとなればと思うのみである。

次に「斎藤喜博初見の人」のためにあくまで私流であるが、「斎藤喜博」あるいは「斎藤教授学」を紹介して、「まえがき」とする。

［「斎藤喜博」（サイトウ・キハク）・「斎藤教授学」について］

斎藤喜博は一九一一年三月二十日群馬県佐波郡芝根村川井に生まれ、群馬師範を卒業の後、群馬県内の小中学校の教師を務め、一九五二年四十一歳の若さで佐波郡島村小学校の校長となる。以来十一年間を「島小の学校づくり」に打ち込み、その公開研究会には全国から延べ一万人の参加者があった。「島小教育」は「子どもの無限の可能性を引き出す民主教育」であった。すべての子どもにすべての教科で学力をつけ、表現力や総合的な人間の力を培う島小教育の具体的な実践については膨大な書籍、写真集、CDなどが刊行されている。後に大規模校の佐波郡境町境小学校に転任した斎藤喜博はここでも五年間校長として務め、音楽会や卒業式を中心に公開するとともに「島小教育」の上に立った学校づくりを展開した。斎藤喜博の校長としての仕事は、「島小・境小の教育」と呼ばれ、戦後民主教育の最高峰とも言われている。

斎藤喜博は境小学校長を退職後、宮城教育大学の教授となり教師教育の実践的なあり方についても独自の提起をするとともに、「教授学研究の会」を組織し、全国各地の小・中・高等学校・大学に入り、「学校づくり」「授業づくり」を実地に指導し、教育学者、教育行政者、ジャーナリスト、芸術家、科学者、文学者、そして現場（保育園、幼稚園、小学校、中学校、高等学校、養護学校、大学）の教師や保護者たちによる「子どもの可能性を開く教育の事実の創造」に生涯を捧げた。

一九八一年七月二十四日死去。満七十歳。

斎藤喜博の編著書は膨大であり『授業入門』・『学校づくりの記』（国土社）『わたしの授業』・『介入授業の記録』（一莖書房）他、今も心ある人に広く読まれ続けている。『斎藤喜博全集』（第一期）（国土社）で毎日出版文化賞を受賞。その後『斎藤喜博全集（第二期）（国土社）も刊行される。

「斎藤喜博の子どもの可能性を開く授業の原理、方法その総体」は「斎藤教授学」とも呼ばれ、世紀を越えて今また若い研究者や現場の若い教師たちによる見直し再評価の声が高まりつつある。「斎藤教授学による学校づくり・授業づくり」をめざす新しい動きが全国各地で「ほつ、ほつと」だが起こりつつある。

一方で、結局は「斎藤教授学」とは正反対の方向になってしまうが、あるいは根本的に違うのかもしれないが、二十世紀末に「教育技術の法則化運動」を提唱した向山洋一氏の最初の本は『斎藤喜博を追って』（昌平社）である。

さらに最近評判の「読書算の基礎学力」による『本当の学力をつける本』（文藝春秋社）の著者で今年度四十五歳で公募により広島県尾道市立土堂小学校の校長となった陰山英男氏もまた、その著書のあとがきで「学校づくりにおいて斎藤喜博を追う」ということを明言している。

二十一世紀の教師はまず「斎藤喜博」を読むことから始めるという時代になるかもしれない。ちなみに二〇〇一年度東京都の教員採用試験の問題に「斎藤喜博」が出題されたりしているということもある。

斎藤喜博はまた土屋文明選を生涯受け続けたアララギ派の歌人としても著名であり歌集も数冊ある。朝日新聞群馬版の短歌の選者でもあったし、アララギ地方誌の「ケノクニ」の主宰者でもあった。「斎藤教授学」を読み解く一つの鍵は「斎藤喜博の短歌」にあるという研究者もいる。

著　者

序に代えて——野村　新

装丁／三谷良子

ＨＰ「斎藤教授学講座」より

# 人間と教育の可能性

―斎藤喜博が求めたものを求め続けて―

# はじめに

パソコンを始めて、とにかくインターネットというわけで最初に行ったサイトが、「教育を語ろう」という掲示板であった。そこでは様々な「教育の問題」「学校現場の問題」「教師の問題」が生の言葉で語られていた。私が最初に投稿したのは、「『斎藤教授学』による学校づくり」というものであった。一九九八年の十月二十三日に行われた広島の大田小学校の公開研究会に行ったときの衝撃も含めて「今こそ斎藤喜博の実践〈斎藤教授学〉による学校の荒廃からの救出を」という趣旨の投稿をした。

初め反応は出なかったが、再度「斎藤教授学による学校づくり2」を出すと反応が出てきた。その反応に気をよくして、その後から「後藤清春の『斎藤教授学』講座」を投稿し続けた。結局『教育を語ろう』には二十一回連載することができた。

「斎藤喜博」の名を初めて知ったのは確か大分大学二年の頃の「教育方法のゼミ」だった。ゼミ担当の大学教師が斎藤喜博編『島小の女教師』（明治図書）をゼミの資料として取り上げていたからだった。私は、「献身的」「宗教的」「犠牲精神」というような言葉を連ねて「反斎藤喜博」の文章を書いてその大学教師に提出した。

私はその頃、文芸部に所属し「習作的小説」を書いていた。「教育現場」にそんなに「希望」も「実践」もあるとはとうてい思えない時代だった。あたかも七〇年安保闘争を目前にした大学紛争の嵐の真っ只中だった。「こんなに犠牲精神に満ちた女教師が、時代や世の中を変える力ではなく、子どもたちを時代や世の中に適合させるだけの学校におとしめる働きをしかできないのではないか」などと……。

この「講座」では、そんな私が「斎藤喜博」の実践に出会い、「教師としての自己変革」を遂げていく過程とか、ここまでのあるいは同時進行的な「授業」「学級・学校づくり」「教育論」を堅苦しくならないように留意しながら、気ままに書いていきたい。そのことがこれから二十一世紀の「新しい教育・学校づくり」を進める若い人たちに何らかの示唆をもたらすことにはならないかもしれないが、少数でもインターネット投稿欄『教育を語ろう』で熱心に、拙い「講座」を読み続けてくれた人々へのお礼の意味もある。何よりも自分自身が、自ら、「新しい学校づくりの先頭に立つ」という決意があるからでもあるが……。


いずれにしても、この講座はどこから読んでも構わないのである。何しろ一回一回の話はほぼ連続していないからである。不連続の団子みたいなものである。串が「斎藤教授学」というだけである。気楽に、随意に気に向いた講座から読んでもらえればそれでよい。

# 斎藤教授学による学校づくり1

初めて投稿します。私は、大分県大野郡清川村北小学校教頭の後藤清春です。現在五十歳。インターネットは校長に習いながらまだ始めてほんの一ヶ月です。清川北小学校は全校児童七十五名職員十二名の小規模校ですが、これでも村の中心校であり三校ある小学校では一番児童数の多い学校です。

現在、全国的に学校崩壊が進行しています。地方にあっては、急激な過疎化による児童数の雪崩現象的な減少に伴う文字通りの学校統廃合による学校の廃校という学校崩壊であり、都市部では(勿論地方でも)いじめ・学校拒否(不登校)、授業の不成立、体罰管理教育などによる内実的学校崩壊です。これらの現象に対して文部科学省は勿論、日教組あるいは他の様々な民間教育団体も何ら有効な手を打てないでいるというのが、学校現場でずっと仕事をしてきた私の見る今の教育界の実体です。

そんな中、現在、あの島小や境小で鮮烈の実践を創造した斎藤喜博の見直しが始まっています。

「子どもの無限の可能性を授業や行事を創る中で豊かにひらいていく学校の創造」こそが、

今のどうしようもない学校の荒廃を救出する唯一の道だと私も思います。

一九九八年の十月二十三日には広島の大田小学校で公開研究会が開かれましたが、そこではまさに「子どもが自己の可能性をいっぱいに出し学校を豊かに生きる姿」がありました。

斎藤教授学による学校の再生、今私は教頭として校長の意を体しながら何とかその事実の端緒を創ろうと日々先生方と「北小づくり」を進めています。道は遠く険しいのですが、目標は具体的で確かなものですから、明るく地道にこの歩みを進めようと思います。

「斎藤喜博」あるいは「学校づくり」についてのご意見をお送りください。これから時々この欄に「私の学校づくりの一端」も報告していきたいと思っています。

## 斎藤教授学による学校づくり2

ぺんぎんさんの記事、ありがとうございました。大田小の話を少し書きます。今年の大田小学校の公開は国語の授業三時間と合唱発表でした。そのどれも、子どもが自由で解放されて、しかも内容の高いものでしたが、何より感銘を受けたのは、終わりの全体会の山内宣治校長のお話でした。

「○○方式とかいうものでなく、子どもと対応する教師の問いかけと創造、そういうことをここの若い先生たちが汗をかき、恥をかき必死に取り組んできた結果が今日の子どもの姿の一つひとつに結晶したのです。先生たち、すばらしいでしょう！」

とうれしそうに語るのです。いい顔でした。

今、教育情報は洪水のように若い先生方の前にあふれています。でも、それを自分の心と体で受け止めて、子どもに真摯に立ち向かおうとする教師の何と少ないことでしょう。

ペンギンさんの言うように斎藤喜博は二十年も前に亡くなっていて斎藤喜博をカリスマとして権威として話すことは無意味そのものです。

けれども、「斎藤喜博の求めたもの」を語れば、今の二十代、三十代の若い教師たちもきっと目と耳と、しまいには心まで留めてくれるのだと思います。

今こそ、そういう時代です。

「生きる力」「新学力観」「総合学習」言葉は違いますがその中身は実は斎藤喜博が島小や境小で実践していたことだと思うのです。

大田小もまたそのことを具体的に実践して公開した学校だったのです。

## 後藤清春の「斎藤教授学」◆講座*1*◆

私の最初の投稿「斎藤教授学による学校づくり」に三名の方の反応をいただいて気をよくして、今日からタイトルのような講座をかってに開設する。

「斎藤教授学」の本格的な研究とかは研究者に任せて、私はあくまで現場の（今は教頭だけど）教師であり、「学校づくり」の具体的な場面に立っているのですからその報告や、まあああまり堅くならないように雑談コーナーにもしたい。

第一回の今回は「坊ちゃん」の疑問というか質問に答えてみたい。

第一問の「教師の満足と子どもの満足の不一致というか乖離について」だが、島小や境小の記録のどの場面どの部分のことかわからないのであるが、私の答えは簡単である。「子どもの満足をどれだけ本質的に内容的に量的に、教師は見取ることができるかが教師の力量である」ということ。島小や境小に比べて今の私の「北小」（大分県清川村）や今まで私が担当してきた授業における子どもたちの満足の質も量も弱小であることだけは私自身わかると答えることでわかっていただけるだろうか。

まあ、「坊ちゃん」も大学院で「斎藤喜博を研究」されているから要らぬことだが、この問いの答えは『授業入門』（国土社）にはっきりと書かれているとしか言いようがない。

第二問。「教師間の意識統一」ということについては、確かに難しいと思う。しかし、「坊ちゃん」が言うように「島小の頃と比べて今が難しくなっている」とは私は思わない。戦後十年ぐらいしか経っていない群馬県の片田舎の中に、あのような島小を創っていくことのどれだけ困難であったか、今の比ではあるまい。そしてあの頃も今も「全職員が一つの方向に立って全力で学校づくりに精魂傾けるということはいつでも難しいこと」だという他はない。

この点は、『学校づくりの記』（国土社）『島小物語』（麦書房）を読めばその道筋のいちいちが具体的徹底的にわかるはずである。

私が教頭をしている大分県清川村の北小学校では昨日、二学期の反省会が行われたが、その資料の最後に私は次のように書いた。これも一つの学校づくりへの一歩だと思っている。

「教職員集団が本当の意味で民主的な関係になっているか。あるいは民主的な雰囲気の職員間になっているかが子どもが解放され明るく自由に豊かに学校を楽しみ、学ぶ喜びに満ちあふれるようになるかどうかの大事な出発点となる。……」

子どもたちと今朝も持久走をしながら、子どもたちの顔がすっきりして「本楽《ホン》しい」というように走るのを、私も一緒に走りながら「まだまだ授業はだめかもしれないけど」、ともかく「新しい北小」へのスタートは確実に切ったのであり、「事実を積み重ねる中で先生たちの意思統一も自ずから行われていくのだ」と思ったりした。

## 講座の趣旨と受講者へ ◆講座6◆

講座5についての反応が幾つか出たので改めてこの講座の私なりの趣旨を記して講座6とする。

まず一つはこの講座の連載を通して私自身の教育実践を問い直し、さらに読者の方には忌憚のない意見も出してもらって吟味をし続けたいということがある。そういう意味では「もう休みですか」とか「独善的になってしまうのでは」とかいう一種の批判、あるいは「斎藤喜博への個人崇拝になっているのでは」という意見にも十分謙虚に耳を傾けたいという気持ちである。そういうそれぞれの意見があって初めてこの講座は意味を持つと思っている。私の自己満足の講座にしてはならないわけである。それこそ、私の教育実践のテーマ「子どもの可能性を引き出す仕事」とも合致する。

だが、すべては「子どもが学校生活を楽しみ明るく豊かに人間として成長し続けるため」ということが基本にある。そのための職員集団であり、そのための「斎藤教授学」であり「そのための先生たちの冬休み」でなければならないわけである。

「まこと」さんの批判はその意味で当たっているがはずれているとも言える。たとえインターネット上であれ何であれ、自己の実践をさらけ出すということは、そういう「子どものための学校にしていく覚悟」が必要であり、今こそその覚悟が教師たちに求められている。あまりにも、自分を棚に上げて他人事みたいに教育論議をする風潮が強い今こそ。特にその人が「子どもの成長に責任を持ち」「その仕事で飯を食っているならなおさらのこと」。

保護者の方や地域の方は、子どもを学校に預けているのだから学校や教師に対して批判はどんなにしても許されるのだと思ってきた。構わないと思う。

私は教頭という職務上、特にそういう父母や地域の声を直接に聞く場に立つわけで、どんな意見にもじっくり話を聞くという姿勢を貫いてきたつもりである。「教師の力量はヒアリング能力」であると言い続けている。

それから、これはこの講座の命に関わることでどうしても言っておかなければならないことは、「斎藤教授学」と謳っても「斎藤喜博への個人崇拝」などでは全くないということである。私が言ってきたことは「斎藤喜博を求めていくのではなく斎藤喜博が求めたものを求め続ける」ということである。斎藤喜博健在の頃から常に「斎藤批判の文章」にはほとんど目を通してきたし、「教師はひとり皆一流でなくてはならない」という気持ちできたのである。

広島県大田小の山内宣治校長も言ったように、決して斎藤喜博という恒星の光を浴びた惑星になってはならないと。自らが光を放つ恒星になるために輝く恒星である斎藤喜博の求めたものを求めるのだと。目の前の責任ある子どもたちのために……。（「事実と創造」一莖書房NO.

211P．8参照）

よく民間教育団体などの何とか方式で実践をしている人たちが、時にその方式のための教育になって目の前の子どもたちのことを忘れてしまうということを現実に見ているのであるから、「当たり前だが大事なのは目の前の子どもの具体的な成長」であって、「斎藤喜博」でも何でもない。今は斎藤喜博の求めた「考え方」なり、「教育実践の具体」が「子どものためになるから」求めようとしているだけである。

「常に具体につく」ということとか、「子どもは一人ひとりみな無限の可能性を持っている」とか「子どもの可能性を現実に引き出していくことが教師の仕事」であるとか、大体斎藤教授学なんて「教師の基本的な構え」に関することが多くて、「こうすればきっと子どもはこうなる」なんていう方法論（マニュアルと言ってもいい）は、ほとんど簡単には真似などできないものなのである。

だが、今の教育界はどうだろう。その「教師の基本的な構え」が消え去って対症療法あるいは対策具体的方法のみを求めて、子どもから見放されてしまおうとしているのではないだろうか。

そして、「実践はそれぞれが自分で編み出すもの」だという思いも強い。三十年近い私の拙い実践の結果そう思う。できればこの講座への批判意見も「具体的に実践的に出してもらいたい」。特にその人が教師であるならば絶対に。その方が生産的である。「今のような混迷の時代であればあるほど、子どもを信じ、人を信じて意見は十分に闘わせた方がいい」。私のこの講座の論述もそういう注意をいっそうしなければとも思う。「具体がないと水掛け論」ですからね。

今日、学校の勤務が終わって帰ってみると私が事務局をしている「徳田白楊賞児童生徒短歌コンクール」の応募作品に次のようなものがあった。（※歌人徳田白揚については後出のP.333**資料2**『かりがね絶唱』全文参照）

学校の庭にサザンカ咲いているその花を取り友と語らう（小六）
夕焼けの雲を背にして帰る道向こうに母の呼ぶ声聞いて（中一）

そして徳田白楊十八歳の次のような歌も思い出されてほのぼのとした。

庭の雪一目見むとてわが開く窓辺に匂う山茶花の花（白楊）

この講座を基に生産的で教育現場に希望をもたらすような論議ができると、大変ありがたいしそのようにお願いしたい。

# 長野県赤穂小公開参観記　◆講座7◆

一九九二年の秋、大分県内のサークルの仲間などと（8人）で参加した長野県駒ヶ根市赤穂小の公開ルポルタージュをもって「講座7」とする。

赤穂小は千人を超す大規模校。校門を入ると、まだ受付のテントも張られてなかったが子どもたちが三々五々登校してくる。

「おはようございます」という声が明るくさわやかで自然だった。気持ちのいい挨拶だけど、決して、この子どもたちが、今日想像を絶するような姿を見せてゆくことになるとはとても思えない。自然で、当たり前といえば当たり前の普通の子どもである。

「国語の授業、二時間あるんだけど、どこから見るか」ということが一緒に行った先生方の問題だったが、早く来ていた長野県内からの先生に聞くと、「各学年で、オペレッタ、表現を発表するクラスを見るというのが一つの方法でしょうね。なぜなら、そのクラスがやはりその学年の中でも進んでいるということだし……」というので、みんなにそのことを伝えた後、私からは、「教室や廊下に貼ってある子どもの絵を見て、絵が優れているなあと思った学級の国語の授業を見るという考え方もありますね」と話す。

一年の教室がわからなくて、結局二年一組から廊下に貼ってある絵を見て行く。二年生の教室への渡り廊下から、ちらっと廊下の絵が目に飛び込んだ。鮮やかな黄色、その瞬間戦慄が私の全身を襲う。危うく、なぜか涙が込み上げてくる……やはり全国公開の学校の子どもの圧倒的事実をまた見たというのと、そばまで行って「温かくて優しい、丹念で美しい」そのクラス全員の絵に体中がしびれるような思いでいっぱいになったからだ。二年生の絵は、ひまわりと子どもを組み合わせた絵だったが、学級によって個性があり、子ども一人ひとりにも個性があった。三年、四年、五年、六年と絵を見て行くたびに胸がふるえ、ぐっとくるのを押さえねばならなかった。「すごい」と言ったきり声もなく私と一緒に絵を見ていた同行の若い女先生もため息をつくばかりだった。

授業が、きっとその学校では平常のことに違いない自然さで始まった（研究会だからという変な不自然さが全くなく）。

何故か、四年二組に私はいた。

「ごんぎつね」がイワシを取って兵十の家に投げ込んで、「まず一ついいことをした」という場面の読みの授業。

「おれと同じ、ひとりぼっちの兵十か」という一文をめぐって子どもたちが次々と意見を出した。問いは、「ごんがおれと同じと思ったというのは、何か」ということだった。

「おっかあが死んで、家族や身寄りがいなくなったというのが同じ」「おっかあが死んで、兵十がぎこちなく麦をといでいるのがとても寂しくて……その気持ちが同じ」という二つの意見に次第に集約されていった。言葉にあくまでこだわって、座ったまま、挙手するでもなく、級友の意見がすむのを待って次々に考えを発表する子どもの額には汗が光ってさえきた。発表を聞く子どももうなずいたり、首を横に振ったりする。

二つ目の問題は、兵十がイワシを取るとき、その行為はいけないことだと兵十が少しは思っていたか全然思っていなかったかということだった。子どもの論議は真剣味を帯びてきた。反対意見の子どもは、前の子どもの発言がすむのを待ちきれない様子で、「でもねえ……」と熱っぽく話す。「前にいたずらしたときは、寂しさを紛らすというのもあったけど、悪いことなんて思ってなかったけど、ここでは少しは思ってんじゃあない」「悪いことなんて思ってないよ。同じひとりぼっちの兵十に償いをしようと思っているんだから……」「悪いことと思ってなかったら、こそこそせんでいいんじゃあない」

先生は、黒板に三通りの考えを整理（図式化）して問い返す。

「ごんは、イワシを取ることはいいことと思ってるの、悪いことと思ってるの？」

また、子どもたちは考え出し、前に勉強したことや本時の場面の様々な言葉を問題にしながら話は途切れることがなかった。結論が出たわけではなかったが、子どもの話は、次々に高い深い解釈に上がっていった。小学校四年生の限界を超えた授業だったと言っていい。優れた大学の文学科のゼミのような授業だった。チャイムがなり、授業が終わっても、教室のあちこちで友達同士の間で「ごんの話」は続けられていた。

二時間目は、やっと見つけた一年五組の教室にいた。年輩の女の先生だったが、文学作品「たぬきの糸車」の授業。前には、本当に糸車が置いてある。それもちゃんと糸が紡げるようになっている。

ここでも、一年生が、「いつかの」と「いつもの」との違いとか「上手な手つき」とかの言葉についてやりあっている。終わりの方で、ある男の子が、たぬきの上手な手つきについて、ずいぶん前の方の文を根拠にしながら、意見を出したが、発表し終わって「ああ、真剣に言ったから、汗をかいたわ」と言う。そのなんと屈託のない顔をしていることか。

それから、このクラスでドラマは起こった。もう授業も終わり近かったし、その子の言ったことが、ほぼ問題解決にもなって多くの子どもは頷いていた。ところが、二〜三名の子どもが、少し集中を欠いて、せっかくのその子の発言を聞いていなかった。先生は、もう一回、先に発表した子どもに言わせた。そして聞いていなかった子どもに「どういうこと」と聞いた。ところが頷いていた子どもも、わかってはいても、初めに言った子どものようには話せなかった。

「せっかく言ってくれたのに、本気になって聞いていないから、言えないんです」先生は、かんしゃくを起こして、さらに、最初の子どもに言わせ、集中を欠いていた子どもにも再度言わせたが、まだはっきりとは話せなかった。

「そんないい加減な勉強じゃあ、跳び箱もいい加減になるんです。本気になって、みんながわかるまで止めません」。チャイムもすでに鳴って、ある男の子が「先生、体育の発表が始まるよ」と言うのへ、毅然として宣言した。そのクラスの四十人を超す一年生が、改めてキッとなってきた。

また、最初の子どもが、ゆっくりみんなを見回しながら話す。今度は、すべての子どもが、まんじりともせず聞き入っている。

私は、途中から胸が苦しくなり、涙を必死でこらえた。チャイムが鳴っても、ことの成り行きを見守っていた六十人を超す参会者も同じ面もちだった。中には、涙が頬を伝うのに任せて、その先生と子どもを見ている参観の先生もいた。

その後、子どもたちに確かめながら先生が「今日は、私の授業の進め方が悪かったね。でも、みんなが最後は、本気になってきたから、みんなの方が百点で、先生は五十点だね」と言いながら、授業を終わって「参観の先生方すみません。時間が過ぎてしまって」と言うのへ黙礼して、廊下に出たとき、涙は堰を切ってついにあふれ出して止まらなくなってしまった。

「授業で勝負する」教師と子どもをまざまざと見た。

「入場・待機・退場〜体育・音楽・表現（オペレッタ）」

「——命、この美しきもの　私を打ちのめし、私をひとりの人間にし、絶望させ、立ち上がらせ、希望の灯をともしたもの！」

第一体育館で行われた、跳び箱・鉄棒・マット。

その最初の演技の子どもの入場の瞬間から、第二体育館で展開された学年・クラスごとの音楽・オペレッタの最後、六年生全員による合唱「一つのこと」まで、私は激しく揺さぶられ続けた。全国公開七回目の参加にしてというか、それにもかかわらずではなく、それゆえにと言うべきか……。

「やっぱり、完全な月給泥棒ではないか」

「ここに、私の学校の保護者を全員連れて来たら、それでもまだ私は、教師として勤めが続けられるだろうか」

「だが、鹿も四つ足、馬も四つ足……やるしかない。これでめしを食うしかないんだから」

体育・音楽の表しようもない子どもと教師のしなやかさ・強さ・美しさ・すごさが学年を追って進むにつれ、やっぱりいつもの「全国公開」のように自分が教師であることを忘れて、ほんとにちっぽけな人間として見ていた。はっとするような子どもの姿態に、そのまなざしに、教師の指揮をする顔に口に、何度となく他の参会者と一緒に涙を胸に湛えながら、一心に見続けていた。

まとめの話し合いのとき、終わり近くなって、講師で共同研究者の聖路加看護大教授の宮坂義彦さんが私を指名した。

私には、言葉はなかった。憔悴し、呆然としていた。教師としてではなく、人間として「赤穂の子どもと先生たちに会えたよろこびは」あっても、残してきた現実とのあまりの懸け隔たりに為すすべもないという思いもあった。

しかし、マイクを受け取ると、最後に言ってしまった。

「……九州でも、大分でも、赤穂に負けない子どもや教師が現実のものになるようにがんばる」なんて。

言っちゃったからにはやるしかないって、言ったあとから思ってるところがいかにも自分らしいけど……大変だが、どうせわずかな残りの命……だなんて開き直りでもしなけりゃ生きていけない……!?

一歩ずつだが、腹を据えて、学校を、学級を子どもたちを教師たちを、いやいや、他でもない自分自身を、本質的なところで対決し、働きかけ、鍛えて行くしかない。

若い人たちのようには、残り時間がない。

それで、死んでもいいし、「死にゃあせん」のだからとも思う。せっかく大金を使って（個人負担八万円）遠方まで本物を見に来たんだからちっとは甲斐がなけりゃあ……。

今、六年前のこの文章を打ちながら、今年（一九九八年度）行った「大田小公開」の感慨とあまりに重なることの多いことを思った。世間やマスコミがいろいろ言っても、六年前も今もこの国の子どもや教師にこんなにすばらしい人々がいるという事実もある。「希望」という文字は、極めて少ないけれども確かな望みという意味がある。文字通り、希硫酸の「希」というわけだ。「希」は「まれ」と読むこともできるのだから。

## よい教師の条件 ◆講座12◆

しばらくこのインターネットに向かう暇もない忙しさの中にいた。正月から事務局長として「第十回白楊忌」の事務で（毎年のことなのだが）忙殺されていた。まあ、週一のペースは守って、これからも続く忙しさの中でもこの講座なんとか連載していきたい。白楊忌の記念行事として行っている児童生徒短歌コンクールの審査が終了し、全国三〇〇〇点余の応募作から選ばれた「徳田白楊賞」が確定した。前にもこの講座で触れたが、こういう子どもたちの作品を見ると本当に「日本の子どもも、それを支え付き添う日本の教師も大丈夫」という感を改めて強くする。子ども・青年の「まっすぐな成長」というの、間違いなく信じられるわけである。

一月八日には、わが「北小」も三学期の始業式を行い又新たな「希望の学校づくりの実践」がスタートした。どこの学校でもやっていると思うが、この中での子どもの「年頭の所感」はそういう希望に満ちたものだった。今年も地道にしっかり足を地につけて「私の教育の事実をつくり続けなければならない」と私自身も思った。

さて、今回の講座では、講座名にふさわしく「斎藤喜博」の言をめぐって私の解釈というか

「話」を出してみたい。

斎藤喜博の『授業入門』の中に「よい教師の条件」として斎藤は次の三点を上げている。

## 頭のよい先生、育ちのよい先生、美人の先生

これは誤解を生みやすい言い方をしたわけだが、こういうところは斎藤喜博は非常に上手だったと言えば言えるところでもある。

この言葉、反対側から読むと、「頭の悪い先生、育ちの悪い先生、美人ではない先生」が斎藤喜博にとっては「悪い教師の三条件」となるわけだから、今で言えば大変な「差別発言」と取られても仕方がないものである。しかし、斎藤の三つの条件の内容は大変に重要なことをいっている。「頭がよいというのは、ペーパーテストの点がよくて、一流の大学を出たという意味ではない。人間と人間の関わり、コミュニケーションにおいて、柔軟性があり前向きに頭を働かせることができる」という意味なのである。「育ちがよい」というのも「裕福で両親が揃っていて」などという意味ではなくて、「人と人の愛情と思いやりの中で育った人」という意味を持った内容である。あるいは、そういう思いやりを素直に表現できるように育ったという意味である。

さらに、一番問題の「美人の先生」というのも「容姿」とか「スタイル」とかという外見の

ことではなくて、文字通り「内面から出る美しい人」という意味である。

しかも最も重要な斎藤喜博の提言の意図は、これらの三条件は本人の努力次第でどうにでもなるというところにある。ここが抜けるととんでもないことになるわけだが……。

私などは、どちらかと言えば、先生方を見るとき、「難しい先生」「あまり評判のよくない先生」の方が、実は斎藤教授学的実践に向かうようになると見事に「優れたよい先生」になるという事実をたくさん見て来ているので斎藤喜博の言い方は「斎藤流」のアイロニーかと読んでいた節があるが、一方で『島小の女教師』（明治図書）の斎藤の序文を読むとのっけから「島小の女教師は皆美人である」と書いているので変に「なるほど、そういう意味か」と納得もしてきたりした経緯もある。

いずれにしても、斎藤の言う「教師の三条件」の中身を、今改めて考えてみる必要がある。情報化がすすみ、インターネットや「教育の機械化」「現代化」がいくら進んでも、つづまるところ「教育は教師の人間性次第なのである」だから「優れた教師集団となるためのお互いの努力」その方向性・イメージというのも考えていかなければならないだろう。

## 北小最後の講座　◆講座22◆

〈ホームページ「後藤清春の『斎藤教授学講座』」の最初の講座〉

いよいよ押し詰まってきた。学校の年度の終わりまで後二週間というところまで来た。今年度の反省総括ということを子どもの表情や感想や作品や各教科の成績などから具体的にしなければならない。

昨日は最後のＰＴＡだった。各学年の（一～五年）授業も見せてもらったが、どの学年も子どもが大変生き生きしており授業を楽しんでいた。保護者も満足そうにそれを見ていたが、やはりこのことは今年度の「北小の仕事」が一つの成果を上げたと言ってもいいのではないかと思った。

「授業で勝負する」「子どもの権利条約の具体的実践」、この二大実践目標が子どもの姿の上に実現されつつある。ある学年では、子どもの音読、合唱などが発表されたが、それを見聞きした保護者が心持ち顔を紅潮させながら口々に「感動した。感激した。表情がきれい」と感想を話す。

この一年間の子どもたちの成長発達が健康であったかどうか、謙虚に振り返らなければならないのであるが、その一つの貴重な資料として、私もこの親たちの感動の感想を聞いていた。

そういう話をする親たちまで「表情がきれい」なのである。大変に見事な子どもと親たちであり、その事実を創った担任の実践努力に敬意を表さずにいられない。

その発表をする子どもの表現を私も見ていたが、非常に澄み切って明るく美しい。実にほれぼれとするものであった……。

いずれにしてもこういう「美しい時」を創り出した「教師の仕事」が生まれたということに私たちは自信を持ってもよいのではないかと思う。このような仕事の上にさらに研ぎ澄まされ、解放された「学校の再生の具体的な内容」を創る次の仕事が待っているというべきであろう。厳しく気を抜けない領域へ入ることになるが、この仕事は教師も又美しく解放され楽しくなるものであるから、勇んででも淡々と進んで行こうではないかと言いたい。

「命の美しさ」「人間の美しさ」これからの実現すべき具体的な姿をしっかりと瞼の裏に、胸に焼き付けて来年度へと向かおう。

**資料1　介入授業の記録（詩「鹿」の授業記録抄）**

大分県清川村北小学校・四年　一九九八年十一月三十日（祖父母学級の授業参観）二校時

授業者　担任　大戸由美　　介入者　教頭　後藤清春

――児童の当番「起立、気をつけっ、これから……」と号令をかけるがざわざしてるので担任が、

「だめです。駄目です」と注意する。そのあと、全員（十二名出席一名欠席）が立って、静かになって、当番が、「これから二時間目の勉強を始めます」と言い、全員で「始めます」と言って着席する。

大戸　はい。じゃ、教科書は閉じておいてください。教科書は閉じて、机のこう、はしっこに。はい、余分なものも直しましょう。（子どもの様子を確認して）じゃ、今日は教科書と違う勉強をしたいと思います。（「違う？」と呟く子どももいるがかまわずに、「鹿」の詩を模造紙に書いたものを黒板に貼る）ちょっとね、難しいんです。（「難しい？」と反応する子どももいる。楽しそうな笑いも）

鹿　　村野四郎

鹿は森のはずれの
夕日の中にじっと立っていた
彼は知っていた
小さい額が狙われているのを
けれども彼に
どうすることができただろう
彼はすんなり立って
村のほうを見ていた
生きる時間が○○○○光る

10　彼の棲家である
11　大きい森の夜を背景にして
（〇〇〇〇のところをピンクの紙でマスキングしてある）

子ども　（伏せ字にしてある「生きる時間が〇〇〇〇光る」を読んでいる子どももいる）
子ども　（教師が貼る間にすでにめいめいで読み始めている。「何とかは、森のはずれの夕日の中にじっと立って……」）
大戸　はい。じゃあ。一度読んでみて。難しい漢字があるかもしれませんから、読めない漢字は飛ばして。ね。心の中で、口に出さないで一回読んでください。いいですか。はい。
子ども　（黙読）〈非常に集中している〉
大戸　こんどは声に出して読んでみましょう。出だしのところわかる。わかんない？　さん、はい。
子ども　鹿（笑い）
子ども　（一斉読み／声をそろえて読む。「額」「棲家」のところ「何とか」と読む）
大戸　すごい。先生が読めん字をみんなは読めたんだから。はい、じゃあね。これ（「小さい額」の「額」をさしながら）何だろうね。
子ども　ほお。（「ふくろう」とかいろいろ言う子もいる）
子ども　ほおっち何？
**清春**　ほおって。ほっぺたのことだね。どうしてそう思った？　って聞くといいね。

大戸　どうして？
子ども　前に見た字のような……。
子ども　ふくろう。
大戸　どうしてふくろうち思った？
子ども　教科書にのってる。
子ども　はい。ほかに……ゆのみ。
子ども　それは違う。ゆのみじゃあない。
**清春**　そこで、さっきのさっちゃんのを生かしてあげるといい。さっき、さっちゃんはほっぺたって言ったんでしょ。小さいほおが狙われているかな。近いんです。狙ってるのはほおじゃあなくて、どこなか？　ほおじゃあなくて違うとこ狙ってるんだよ。何処かな？
大戸　はい。なんて読む？
子ども　ひたい。（つぶやくように）
大戸　（「おお」と感動の声を上げる。介入者も一緒になって感嘆の声）
子ども　（「ああ、そうか。ひたい。ひたいじゃあ」などという子どももいる。ひたいが狙われている。（と口々に声に出して言ってみる）
子ども　ねえ、だれに狙われてんの？
子ども　森のはずれじゃけん、森にはライオンとかもいるし？　？？（それはないという声）
大戸　それ、大事なところ、えりちゃんのは後で考えてみよう。あと、わからない字ありましたか？

じゃ（「棲家」をさして）これはなんて読む？
子ども　何とか家。すご家。
大戸　すご家。ちょっと読んでみようか。さん、はい。
子ども　彼のすご家。
**清春**　この字（「棲」をさして）すごいと言う字のつくりが一緒なんでね。それをサッチャンが知っていたからすご家なんて読んだ。こういうのってすごいですねえ。
（笑い）
子ども　（笑いながら）あっ、そうか。すごか。すごけ。すごや（と色々言う）
子ども　（発見したように叫ぶ）すみか。
大戸　そう。すごい。そうなんです。すみか。はい、あともういい？（と言いながら「背景」を指す）？（子どもたちが「はいけい」と読むのを確認して）背景ってどういう意味？
子ども　後ろの景色。例えば教頭先生の背景は、廊下と窓の外の風景とか……。
大戸　そう。教頭先生の背景は……。
子ども　廊下。後ろの景色……。
大戸　はい、じゃ、ちょっと、わからない字がわかりましたからまた読んでみましょうかねえ。じゃあ立って。（「立つの？」という子がいる）（全員立ったのを確かめて）じゃ、それぞれ読んでみましょう。
子ども　質問。あのピンク色ん所（「生きる時間が〇〇〇光る」のところ〇〇〇〇の伏せ字がピンク色の紙でかくしてある）何？
大戸　これはちょっと（「はい、はい」と言う子どももいるがかまわず）お楽しみに。じゃいくよ、みんなでそれぞれ読んでみましょう。
**清春**　声そろえなくていいね。
子ども　（一斉に読む。声に張りがあり、大きい声）（○○○○のところ「わかった」という子もいる）
大戸　じゃあね、今、いったいだれに狙われてるのって言うのがえりちゃんから出てるけど、だれ。（即座に「りょうし」という子がいる。「何で猟師なの？」という子もいる）意見のある人、立ってください。どんどん立って。（三、四人立つ）
子ども　「森のはずれ」というところでわかったんだけど、猟をしている。
子ども　りょうし。そう。
子ども　あ、わかった。わかった。普通だったら、額じゃあなくて、体ごと狙うのに。額やったら一発でしとめられるって。
子ども　だけど、むつかしい。小さいんだよ。
子ども　一発で死ぬんだよ。
子ども　何か、言いにくいんだけど……。
大戸　ちょっと待って。今、さっちゃんは猟師が鹿を狙っていて……。
子ども　猟師が鹿を狙っているのを鹿は気づいていた。
大戸　知っていた。というのは狙われているのを鹿が知っていたということ？（さっちゃん頷く）え

りちゃんは、額だったら一発で死ぬから。孝太郎君はどう思う？　猟師と思う？（孝太郎君考えている）

子ども　彼のすみか？　……（考え込んでいる子どもの呟き）

子ども　すみかが狙われてるの。

子ども　えーっ。何でだよ！「額が狙われてる」って書いてあるじゃん。（皆口々に抗議するように言う）

子ども　いや、すみかが狙われたら……（聞き取りにくいが子どもたち楽しそうに笑う）

子ども　すみかを守るために、何か……（何か言おうとするが言葉にはならない）

大戸　はい。じゃあ猟師が鹿を狙ってるでいいね。

子ども　エーと、その狙っちょる人はその鹿の癖を知っちょる？

子ども　知っちょる。（かわいちょるんやとかいろいろいう声ちょっと聞き取れない）

子ども　狼が狙ってるんじゃない。（と、思いついたというように言う、おどけてただ言っただけという顔）

大戸　狼かな。（と、軽くたしなめる感じで言った後）……はい、猟師が鹿をねらってると思う人？

子ども（全員挙手）

大戸　「猟師が狙ってる」でいいね。次にここで出てくる「彼」っていうのは一体誰なのか？（「鹿」と皆、口々に言う）

子ども　何で「鹿」っち書かんの？

子ども　（いちいちめんどうじゃけんとかいろいろ言う）

**清春**　今までね、先生この詩の勉強を何回もした。けど、いかに北小の四年生がすごいかって言うと、今のは大変な発見をしたわけです。なぜ「鹿は」って書かないで「彼」って書いたか。これがこの詩を読む大ヒント。作者はわけがあってそうしている。ねえ、「鹿は知っていた」「鹿はすんなりたっていた」「鹿のすみか」でいいんだよ。でも、作者は絶対「彼」ってしなければならないわけがある。したくてしたんだよ。そのわけ後で考えるといいね。たしか中学三年生としたときにそんなこと言ったんだよ。（「うそー」という子どももいるがかまわず、わざと少しけしかけるように）中学生みたいに勉強するねえ（楽しそうに笑う声があふれる）

大戸　先生もわかんない（考えている）

子ども　（「中学生」なんて楽しげにつぶやく子どももいる）

**清春**　彼なんて鹿のことを人間扱いしたりしてねえ（と、意識してつぶやく）

子ども　あ、わかった。（二〜三名の子ども「わかった」「わかった」と言う）鹿を人間扱いしてるんや。

大戸　じゃあ、いいですか。ちょっといいですか。もう一回読んでみようね。今、わかったのが猟師が鹿を狙っている。それから、彼って言うのは鹿のことということがわかったね。で、そう思って読んでみよう。いいですか。じゃ、いくよ。この彼ってのは鹿なんだって思いながら読んでください。座ったままでよいです。さん、はい。

子ども　（声をそろえて読む）（朗読は張りがあって明確な声に変わってきている）

子ども　わかった。死んだんや。
（中略）〈倒置法についてどの行からどの行へ続くかを問答で確かめる〉
大戸　はい、じゃあね、みんなが一番気になってるところ。
子ども　やったあ。
大戸　生きる時間が〇〇〇光る。ここに隠されている言葉は何？
子ども　生きる時間が何とか光る。（生きる時間が……光ると……のところ考えながらいろいろ言っている）
子ども　虹のように。
子ども　雨のように。
大戸　思いついた人は立ってください。
子ども　月のように。
大戸　ああ、月のように光る。
子ども　星？
大戸　星のように光る。
子ども　ユーホーのように。
子ども　太陽のように。（「夜じゃろ」という声も出る）
子ども　これっち、夜それとも朝？
子ども　朝っち、そういうことは関係ない。（夕日の中にとか森の夜ってあるじゃん）

子ども　夕日のように。
大戸　夕日のように光る。うーん。今ね、みんなが言ってくれたものよりももっと光るものです。
子ども　（「はい」「はい」と元気よく手を挙げながら「もうわかった」などと言っている声もある）
子ども　ダイヤモンドは永遠の輝き。（笑い）
子ども　太陽。
大戸　太陽までは光らないかもしれない。キラッと光るもの。
子ども　星のように？
大戸　星のように。
子ども　彗星。
大戸　正平君がちらっと言ったのにだいぶ近いんだけど……。
子ども　何ち言った？
子ども　ダイヤモンドは永遠の輝き（エー？）
子ども　（勢い込んで「わかった」という声）
大戸　でも、ダイヤモンドではないんだよ。
子ども　宝石。
大戸　そうなんです。（「えーっ」という大きい声）宝石の一種なんですねえ。
子ども　エメラルド。
子ども　ルビー。

子ども　指輪のように光る。
子ども　金のように光る。
子ども　金？
大戸　ただの金じゃなくて。
子ども　黄金。（「黄金のように光る」と読んでいる）
子ども　（「時間がいったよ」とか「惜しかった」とか言う子どももいる）
大戸　はい。生きる時間が黄金のように光る。
子ども　（やっと見つけたという安堵の声）
子ども　先生、黄金っちいう宝石あるん？
子ども　金は宝石かなあ。宝石じゃなあ。
大戸　はい、じゃあ、意味をね、先生もこの詩を読んだときにおかしいなあ、意味、わからんなあっち思ったんやけど、どういう意味なんでしょうねえ。
子ども　黄金のように光るのがなんで彼のすみかであるの？　全然わからん。
大戸　はい、じゃあ、考える前にわからないところどんどん出して。
子ども　なんで黄金のように光る彼のすみかであるってなるん？
子ども　彼は知っていた。どうすることができただろうっちあるやろ。逃げればいい。
子ども　包囲されちょんのや。
子ども　そうやなあ。（でも、……といろいろにぎやかに言う）

大戸　お友だちが言ってるときは静かに聞いて。
子ども　生きる時間が黄金のように光る彼のすみかっち言うのは……（ちょっと聞きとれない）
子ども　生きる時間が黄金のように光るは大きい森の夜を背景にしてに続いている。
大戸　ああ。これがここに移っていく。黄金のように生きる時間が彼のすみかやっち。はい、他にわからないところありますか。じゃあねえ、わからないところ解いてゆきましょう。さっちゃんとせいやくんのわからないところ一緒やね。「黄金のように光る彼のすみか」っていうのがわからない。
子ども　何か、まとめみたいな……ちょっと時間がたった……。
子ども　違う。「黄金のように光る」と「彼のすみかである」は……何かちょっと違う。
大戸　「黄金のように光る」と「彼のすみかである」はなんか違うっていう……。
（間。子どもたちも担任もしばらく考え込んでいる）
子ども　彼のすみかである大きい森の夜を背景にして黄金のように光るって続く。彼のすみかであると大きい森の夜を背景にしてをつなげて読んだらいい。
大戸　ああ（と感心する）彼のすみかである大きい森なんだね。
子ども　そうか。（と納得している）
**清春**　今、鹿はすみかにいるの？　すみかを出ているの？
子ども　すみかを出ちょる。
**清春**　すみかを出て？
子ども　すみかを出て立っちょる。だって背景にしているから。

大戸　一ついい。彼のすみかである大きい森の夜なんだから、黄金のように光るはつながってないわけね。彼のすみかとは。次の「どうすることができただろう」こんなんどうにかすればいいのにって、えりちゃん。
子ども　包囲されている。
子ども（黒板に出て、鹿と猟師を図に表しながら）あのね、こういう風に隠れて狙われてね、で、鹿は森の中に逃げればいいのかなあって、鹿は森の中は詳しいんだから。
大戸　えりちゃんは、鹿は森のはずれにいるんやから、森に逃げればいいって。
子ども　それよか森に猟師がいるのかも……。
子ども　少しでも動いたら撃たれる。もう狙われちょんのやきい。
子ども　撃たれる。
子ども　逃げればいい。
子ども　逃げたら撃たれる。
大戸　この感じがわかるかなあ。
子ども（また、黒板に出て図を書いて説明）悪いことした人間がな、死刑なんかするじゃん、銃殺刑としよう（楽しそうに図示しながら話す）こんなふうに銃に狙われちょったときは、何かなあ（「手あげる」という子どもがいる）お母さんが言いよったけんな、こげん時は全然怖くないっち……こん鹿もな、ぜんぜん怖くない。
**清春**　うん。すごいこと言うね。えりちゃん、どこでそう思った？　こん言葉があるからという証拠がないとだめなんで、勉強っち。……あるよね。
大戸　この中のどれ？
子ども　７番。
大戸　７のどこ？
子ども　すんなり立って。
子ども　すんなり。
清春　すんなり。うん。これがあるからわかる。もう、じたばたしないって。逃げないんだ。……それからどうすることができるだろう。この続きがあるんだね。どうにかなるの？　ならないの？　どうにも……。
子ども　ならない。ならない（口々に言う）
清春　ならない。そのならないことを、鹿は？
子ども　知っている。
子ども　あ、そうか、そのことを彼が知っちょったんだ。
清春　そう、そのことも彼、鹿は知っていた。
子ども　すごい。（感嘆の声で言う子どももいる）
大戸　すごいねえ。（本心から感動したように言う）（子どもたち解放された顔つきをしている）
大戸　はい。じゃあ、ちょっとこの９番は、じゃあどういう意味なんだろうか。みんなわかってる。誰が生きる時間なの？

子ども　鹿（と一斉に言う）
大戸　鹿が生きる時間が黄金のように光るって？
子ども　あと一秒。
子ども　生きる時間がふつうの黄金のようにやったら、黄金が目の前にあるんだけど、何か生きる時間が遠ざかって行く……。
清春　鹿が生きる時間、あと一秒かそれもないかわからない、動けば撃たれる。でも、すっと立ってる。ああ……って、そう思ったのは誰？　誰がそう思ったんですか？（「鹿」という子どもがいるので）鹿が思ったのかそれとも作者がそう思ったのか、どっち？
子ども　作者（全員挙手）
清春　じゃあ、どうして作者はそう思ったのか？
子ども　少ない。
大戸　ああ、生きる時間が少ないから。黄金のように光るって、作者が。
子ども　ちょっと。でも、あと一秒で撃たれるかもしれんし、作者は、帰って行くから……（「エー？」「それはおかしい」とかいろいろ言い出す）
子ども　鹿の勇気に感動したんだ。
子ども　勇気がなければ……すぐ逃げちしまう。
子ども　勇気があるから……そのまま動かない。
清春　勇気。作者が、その鹿が、撃たれるかもしれない、でも、じっとしてるのを見て勇気があるなあと……それが黄金のように光るように見えたんですね。一つ出たねえ。勇気というの。まだあるかな。勇気かな？

子ども　根性。

**清春**　根性なんてねえ。

子ども　怖がっていないところが……。

大戸　ああ（と感動している）

**清春**　そういうことがあるなあ。もう怖がっていないのが……。

子ども　生きる時間が黄金のように光るって、生きる時間が少ないって自分でわかっているからその時間が大切。

大戸　ああーっ。（深く感動している）

**清春**　いいねえ。勇気。生きる時間が大切。

大戸　うーん。いいなあ。（共感して）

**清春**　短い時間だけに生きる時間が大切。すごいねえ。それで、もう、読んでみるとね、いいね。

大戸　そうですね。じゃあ、これだけこの詩のね、中身わかったから、どんなふうに……最初の読みと違うんじゃあないかな。改めて読んでもらいたいと思います。

子ども　……でもねえ、この猟師さんち夕日の中の鹿をねらっちょったんじゃろ？　夜までねらっちょったんかなあ？

**清春**　「夕日の中に」ってあって「大きい森の夜を背景にして」って書いてある……。

子ども　そんな……一秒もないのに……。

大戸　これ、夜まで……（子どもたちちょっと騒然とするのへ）ちょっと、ちょっといい？　今すごい、いいのが（問題）が出たからほんとにそうかなあって思いながら読んでみて。読みながら……探して……どうして、こっちで夕日でこっちは大きい森の夜？　その時間、夜までずっと狙われ続けていたんだろうか、よく考えて読んでみて。

清春　バラバラでいい。自分の読み方で。「さん、ハイ」ってやらない。

大戸　ハイ。じゃ、読んで。

子ども　（それぞれで読み始める。声はそろわないが、一人ひとりが明確な声で読んでいく。終わりも早く終わる子、遅い子といるが、遅くなった子どももきちんと最後を自分のペースで読み切る。読んでいる途中でチャイムがなるが、誰もそれに気を取られない）

子ども　（「背景にして」という最後の行を何度か読んで考えている）

大戸　ちょっと（チャイムが鳴って）終わっちゃったけど、あの夕日と夜のことわかった人、いますか？

子ども　（挙手多い）同じじゃあない？

清春　森のはずれのってあるからね。森って夜が来るの、早い？　遅い？

子ども　早い。

清春　早いな。夕日の頃でも、森はもう夜ってことがある。

子ども　わかった。わかった。大きい森の夜って背景だから……。

子ども　鹿はまだ夕方、夕日の中に立っているけど、背景の森はもう夜、森はもう暗い。
大戸　偉い。
子ども　そうじゃあ。あるんだ。そげんこと……やっぱ一秒もない時間がねえ（と、またまた黒板に出て図で説明する。子どもたちも納得して口々に言う）
子ども　うーん。（感心している声）
子ども　人間には超ちっちゃいやつが……（ここでテープは終わっている）
——子どもたち、まだにぎやかにいろいろ言っている。大戸先生の「じゃあこれでおわりましょう」と言うのへ、介入者が「今日はよく勉強したね。中学生どころか、大学生みたいにいろいろに読んだからすごいね」と話し、当番の子どもが「起立。これで、二時間目の国語の勉強を終わります」と言い、全員で、「終わります」と言って座る。終わったあともまだ「鹿」の話をしている子どももいた。

「コメント」　　後藤清春

大戸由美先生は教師生活十年を越す中堅教師であり、国語を中心に他の教科でも学級経営でも一つの実践を持っている人である。その大戸先生がこのような形で私の介入を受け入れ、しかも授業の進行につれて澄み切った解放された表情に子供と一緒になっていくというのがこの授業の最大のポイントである。

私の介入が有効だったのかどうかかなり疑わしい結果となったが、とにかく「真実を追求する上での謙虚さ」と言うことと「授業で子どもと共に解放されていく体験」の第一歩は踏み出したわけである。しかし、この介入授業が生まれたのは、広島県の大田小の公開を一緒に見に行ったということが、大きく働いている。

第二十八回の大田小の公開には、大野郡から私や大戸先生を始め五名と九月に北小に教育実習に来た広島文教女子大三年の後藤由香さんも行ったが、そこで見た圧倒的な授業と児童発表（合唱）は、見るものに激しい衝撃を与えた。大戸先生もそこで学んだものはあまりにも多く大きく強いものだったことは間違いない。

祖父母学級の一週間ほど前に「教頭先生何かいい教材はありませんか」と言われたので、「鹿」の他、「春」（坂本遼）「雲」（山村暮鳥）の教材を差し上げ、この「鹿」が選ばれたのである。四年生にとってはかなり難しいこの詩を選ぶ前に、先生は自分の子どもさんの通う中学校の授業参観で見た「木琴」という詩も考えたということであるが、ここに一つの大戸先生の教材選択の視点がある。「一読してすぐわかる」易しい四年生向きの教材ではなく、「難しいけど様々にイメージを創ることのできる手応えのある教材」を選んだのであり、このことが子どもとまっとうに授業で付き合おうとするものにとっては大切な出発点なのである。

それにしても、斎藤喜博ではないが教師の教材の解釈が問われるということが改めて突きつけられた授業の記録となったことは大戸先生と共に考えなければならない。子どもたちは大変よくこの難解な詩に食らいついて最後の朗読など本当に解放され、一人ひとりの読みが明確になったすばらしいものとなったのだが、まだまだ回りくどいごてごてした展開であることは認めざるを得ない。

その原因を作った第一は、「黄金のように光る」のところを伏せ字にしたこと。それでなくても難しいこの詩のしかももっとも展開の核になるところが隠されたわけで抵抗が大きすぎたのではないか。展開の核になる言葉とその解釈をもっと十分にしておく必要がある。

しかし、この授業によって子どもたちの方から出されているものは特に大切にしなければならないだろう。一つは、鹿のことをなぜ「彼」と読んでいるかということであり、あと一つは、「夕日」と「森の夜」との対比から考えて「生きる時間が黄金のように光る」イメージを外面的内面的の両方から探るということも考えられるのではないか。

いずれにしても、子どもの「鹿」は生まれたのであるから、そこを出発点として、さらに挑戦をし続けるしかない。

ビデオからの画像からもわかるように子どもの表情のすばらしさと授業者の本心一緒に考えている表情の美しさを心に深く留めておかなくてはならない。

浅はかな教師の知識や経験を絶対として、子どもを見下し正答を求めていくような授業と称しているもので、暇つぶしをしているような世界とのはっきりした絶縁宣言とも言うべき授業だったことだけは間違いない。

私にしても、教頭として初めての本格的な授業との関わりとなった。「大田小」はあまりに遠く、しかし、「すぐ、ここにある」のである。「子どもがひたむきに文学や科学の真理を追究し続け、明るく豊かに学校を楽しむ」、そういう学校づくりを具体的に歩き始めるその記念すべき一里塚とも言うべき「鹿」の授業となった。

（一九九八年十二月七日）

〈補遺〉

当日欠席だった一人の子どもには、職員室に来てもらって後日個別に教頭の私がこの詩の読みについて指導したが、一人で読むには大変に難しいものである。どうしてもみんなで知恵を出し合い先生も一緒になって考えていかないと、とてもわからないような教材ではあったわけである。

他の教材だったらどうだったろう?

しかし、この欠席していた子どももとても優秀な子どもで漢字の読みとこの詩の事態の核心についてはわかったのであるが、やはり「生きる時間が黄金のように光る」そのイメージの拡大とか深化とかいうことは一人ではなかなか難しかった。逆に言えば、「授業」の値打ちがこれほどはっきりしたこともないと言うべきであろう。

(一九九八年十二月十四日)

## 母校緒方小教頭への転任　◆講座*23*◆

(1999/10/30)

講座22から半年が経ってしまった。この間四月の人事異動で私は、北小をたった一年で去り母校緒方小の教頭ということになった。

「北小の学校づくり」緒について、さあこれから本格的にという場面での人事で大変残念であったが異動先が母校ということで何をか言わんという心境でもあった。北小の先生方や子どもたちからも「教頭先生は母校に帰るんだからうれしそうだね」などと言われたが複雑であった。宮仕えの我が身を改めて噛みしめた。

もちろん管理職になった以上、人事はすべて教育長に下駄を預けておりどうこういうこともなかったし母校勤務は（実は二度目）うれしくなかったと言えば嘘になる。六歳から十二歳までの六年間学んだ母校に教師として勤務するのが教師になったときの夢でもあった。前回その夢を果たして六年間勤務したとき（三十二歳から三十八歳）、それこそ「清春実践の中心」を創ったという思いもあった。今回の異動も保護者もほとんど知っており教頭としてもやりがいもあることはある。

しかし、「学校づくり」という視点から考えれば「北小の学校づくり」はまさにその途上に立ったというところでやり残したことの大きさも思った。「授業」を核に据えて本格的な学校をと言う、私の本来の実践がいったん立ち止まらざるを得なくなったという心境でもあった。

わが母校緒方小学校は、しかし、本当に職場も明るく先生たちも非常に実践的で子どもも活動的だった。考えてみれば緒方小へ転任してこの半年「うっとりして楽しんで毎日生き生きと」勤めることができた。それだけ反対側から考えれば、教頭としての自分の仕事も先生方の力におんぶすることばかりだったという反省もしなければならないのかもしれない。まあこれから、いよいよ、緒方小の若い先生方に学んでさらに大きな視野を持てるように努力しなければならない。

この十月に入ってやっと昨年来のホームページを徐々にだが転送し、「後藤清春の仕事部屋」の開設にこぎつけた。緒方工業高校の若い先生のサポートのおかげであるしこれからこのホームページを充実させながら、「後藤清春の仕事」を新しく創り出していくしかない。

この講座も「教育を語ろう」の投稿とは違って、より内面的実践的斎藤教授学的なものにしていきたい。しばらくは「斎藤喜博との出会い」「斎藤教授学との邂逅」をテーマに連載していきたい。次回から（週一ペースを守りたいが）そういう中身を創り出していきたい。

## 斎藤喜博との出会い「群馬・玉村小公開研」　◆講座*24*◆

（1999／11／6）

講座の「はじめに」にも書いたように初めて斎藤喜博という名前なり著書なりを知ったのは、大学の教育方法のゼミで担当の先生が『島小の女教師』（斎藤喜博編、明治図書）を取り上げたからである。一九六八年であったと思う。「島小の実践」を中心部隊として頑張っていた女の先生たちのその記録は具体的であり「民主教育」の何たるかを事実に即して綴った感動的なものではあったが、私には遠い世界のことに思えて素直に賛同することはできなかった。

斎藤校長という指揮者のもとに全職員が「授業実践」で職場づくりを進めるその記録は、ある意味で非常に献身的であり自己犠牲的であり、私たちの受けた小学校教育とはあまりにもかけ離れすぎていた。だから、まだ実践の何かも何一つ知らずただ頭の中だけで考えてみて、「こんなことはでっち上げではないか」「そんなに身を粉にして授業に血道を上げたって何になるものか」という気持ちのほうが強かった。

レポートにはそのような「島小批判」「斎藤批判」の文章を連ね、さらには、「授業でいかに頑張っても、この世の仕組みを変える社会的な運動論・組織論とかが欠けている」ということを堂々と書いたりした。

だから大学を出て、中学校の臨時講師、小学校の教師になったときも、斎藤喜博ではなくて、「全生研の班核方式」による実践をした。「班による点検」「班学習」「班での話し合いと討議」……と。そのこと自体になんの疑問も感じていなかったし、斎藤喜博は違う世界の人だった。

三年目、当時の大分県に県外派遣教員制度というのがあって、私は埼玉県八潮市立八潮第二小学校へ転任した。ここでも最初は「全生研の考え方」で仕事をした。

だが、あるとき偶然再び斎藤喜博との著作に出会って、何気なく読み始めたのであるが、学生時代とは全く違う感想なり感情が自分の中に生まれてきた。

今の仕事は間違っているのではないか、班競争をさせ、班で点検し、教師自身の姿勢は変えないで子どもを変えようとして、それで民主的だとか、いいわけに民主集中性であるとか言っているのが、斎藤喜博の実践の事実の前では何か矮小に思えて仕方がなかった。斎藤喜博は私を打ちのめすように次のように言っていると私はその著書から思った。

「授業の質を変えない限り何も生まれないのだ。少なくとも教師はそうすべきだ。そこから社会的な政治的な発言をしていくということがないと、ただ大物を言っているだけで、犬の遠吠えのようなものだから何にもならない。そういう教師の憎むべき体質が、それこそが戦前の軍国主義を許してしまった教師の責任なのだ」「民主教育というかけ声だけが大もてで中身は戦前と何一つ変わっていないということが問題なのだ」「教師はやはり授業によって自分を創り本当の意味の民主的な自立した人間になっていかなくてはならないのだ」と。

「借り物の一般論」「形式的で何一つ変わらない民主教育ごっこ」に明け暮れていたのではないかという、自戒の気持ちが斎藤喜博全集を読み進むにつれて深くなっていった。根本的な態度変更が私自身に求められているのだと思わざるを得なかった。

ついに埼玉三年目、同僚の佐藤義則先生と群馬県玉村の「玉小公開研」を見に行くようになまで変わっていった。そこに、「島小の女教師」だった赤坂里子先生とか国語教育の実践家の川野理夫先生とかが勤めていた。斎藤喜博との鮮烈な出会いはさらにそれから二年を要することになるが、「いきさつその一」ということである。

◆講座25◆

# 斎藤喜博との出会い「長崎県森山東小公開研」1

1999／11／23

講座24から二週間もあいてしまった。今日は十一月二十三日勤労感謝の日。外は雨。

前回斎藤喜博との出会い（と言ってもその著作との）を書いたが、今考えると必然性のようなものも感じざるを得ない。元々私の卒論は幕末の教育実践者「吉田松陰」であった。松陰と斎藤喜博をつなぐキーワードは何と言っても純粋率直感性に根ざした教育実践と言うべきか。実際に現場に出て教師になり仕事をしていく上で、やはりごまかしではない本物を求める心が私を斎藤喜博に出会わせたというべきかもしれない。

初めて斎藤喜博その人を見、話を聞いたのは、三年間の県外派遣を終えて大分県上緒方小学校に帰任しサークル「第三土曜の会」を旗揚げした頃、長崎県の森山町立森山東小学校の全国公開研の場であった。そのとき私は、サークルの仲間で隣の小学校にいた渡邉達生さんを誘って車で早暁三時に出発し四時間かかって長崎のその学校まで参観に行った。

国語の授業「モチモチの木」三年生。その授業の途中、担任のもう五十歳を越したであろう年輩の女の先生が子どもが考えなくなって立ち往生しているときに斎藤喜博が廻ってきた。「もう一度発問をしてみてください」と斎藤喜博は柔和な声で言った。担任の先生が発問をした。

「それじゃあ考えられないよね」と斎藤喜博は今度は子どもの方に笑顔を向けながら言った。

教室の廻りに私たち参観者がぎっしりと入ってその場面を固唾を飲んで見ていた。斎藤喜博は今度はその私たちの方に視線を向けながら言った。「誰か、出て来てやりませんか。この教材で授業をしたことがある人？　それか同じ三年生の受け持ちの人でも」私は緊張した。実は私はその「モチモチの木」で授業をしたこともあるし、まさに今三年生の受け持ちなのだ。だが、誰も手を挙げて出て行くものはいなかった。私もじっと息を潜めるほかなかった。

斎藤喜博は少し怒ったような口調で言った。

「研究会っていうのは物見じゃあないんだがね。こうに授業が行き詰まって授業者が困っているのを見殺しにしてるんじゃあだめ。みんな見ているんだから誰か出て来て下手でも何か言ってみる。そのうち子どもも考えられるのが出るかもしれないし、そうするうちに担任の授業者も知恵が出るんですよ。それが研究会なんです。教師は大体ぐうたらだから研究会なんて見たって一つも自分の身にできない。傍観者でぼーっと見て、あとでいろいろ批評をしているだけ。こういう授業の実際の場面で立ち往生しているなんてときに、だれも出て来てやれないいんです。だから日本の教師は世間では通用しないなんて言われる。」

ついに二〜三人の先生が手を挙げ、前にも出て発問もしてみたがいっこうに子どもは考え始めると言うことはなかった。それで斎藤喜博が子どもたちに静かに言った。斎藤喜博の発問を受けて子どもは考え始めた。この差は何か。今具体的なその発問のいちいちは、思い出せないが、ともかく子どもの思考が動き出しそれから授業者も又その子どもたちと一緒に考えながら授業を終えた。斎藤喜博は、発問を出し、子どもたちが考え出したのを確かめてから次の教室へと移って行ったが、まさにこのときが私の斎藤喜博との鮮烈の初めての出会いであった。

次回、もう少し、森山東小の研究会のこと、斎藤喜博の話などを詳細に書きたい。

## 斎藤喜博との出会い「長崎県森山東小公開研」2 ◆講座*26*◆

森山東小学校の公開は一時間目国語（全学級）二、三時間目、講堂のようなやや狭いところで三〇〇人以上の参会者の前での体育（跳び箱・マット運動）の発表、一年生から学年ごとの音楽、合唱、表現活動の発表、そして午後の全体研究会と続いた。

昼休み、一緒に行った渡邉達生さんと学校の前の田圃の畦で弁当を食べた。達生さんは「すごい。国語も体育も音楽も圧倒的だ」と幾分顔を紅潮させながら興奮気味に話した。そのとき食べた折り詰めの弁当の味を忘れてしまうほど大変な事実を見てしまったという思いは私にしても一緒だった。私は群馬の玉村小学校の国語の授業や一年生から順に出て来て歌っていく音楽発表のすごさをすでに体験していたのだが、それにしても私たちの学校、私たちの授業とはあまりにもかけ離れているその事実の前で、自らの卑小さを噛みしめるほかなかった。

斎藤喜博は、全体研究会のときにも斎藤喜博らしい行動と話をした。

些細なことだが、全体研究会のとき、その講堂のようなところの開き戸式の入り口のドアから入って来て後ろ手に一度閉めたのだが、きちっと閉まらなかった。斎藤喜博は、何度もそのドアを閉めようとされた。数えたわけではないが五、六回はしただろう。

講師で来ているのだから、そういうときはその学校の先生か誰かに任せれば良いのではと思ったが、そんなところにも斎藤喜博のこだわりが感じられた。やっと閉まったのを確かめて前の全体会の自席に着いたのだが、心配りと徹底ということを思ったりした。これこそ斎藤喜博なのかと。

全体会の研究協議でピアノの問題が出て、「子どもたちの歌はものすごい美しい合唱だったが、ピアノ伴奏が少しついていけないのではないか」という質問が出たときに、斎藤喜博は「そんなことはない。確かにここの先生たちには音楽専門の先生は一人もいないけど、それで今日あれだけすばらしい子どもの歌を引き出した。それはピアノ伴奏と担任の先生の指揮との間に緊張の糸が張られているからできたことだ。その事を見取ることのできる教師でなければならないと言うことを私たちは森山の先生たちに学んだのです。質問者がそんなに言うならここへ出て来てちょっと伴奏を弾いてもらってもいいですよ。その事をみんなの前で証明しますから」と言ってにっこりされた。

その質問者は結局出なかったが、どこの研究会でもこういう「いいところもあったけどどこをもう少し何とかするといい」という教員特有の変な教え癖、難癖を付けるところがまかり通っているわけだが、斎藤喜博によってそれは見事に木っ端みじんに否定されてしまった。「子どもの事実を子どもと一緒になって、顔のひん曲がるような思いもして創り出している森山東小の先生たちの爽やかな晴れ晴れとした顔」が印象的だった。

達生さんは、帰りの車の中ですっかり打ちのめされているようで昼の田圃の端の饒舌は全くなかった。あとで奥さんに聞いたのだが、家に帰り着くなり「もう教師は辞めなければならない」と言ったという。それまでの仕事があまりにも浅はかで軽薄であることを達生さんは森山東小の事実によって突き付けられた。私にしてもこれからどう仕事をしていくべきか重い課題の前に押しつぶされそうになりながら達生さんの寡黙に付き合うほかはなかった。

しかし、その森山東小の全国公開から時日をそう隔てずに、私と達生さんは自主サークル「第三土曜の会」を旗揚げした。「鹿も四つ足馬も四つ足、何とか歯を食いしばって、森山東小の事実の何分の一かでも創ろうではないか」という気持ちだった。

その達生さんもその後、実践の中で自らの仕事を創り出し、今は東京の筑波大附属小の研究主任としてまた筑波大講師として実践の事実の中にいる。もう二十年余も昔の話となってしまったが、鮮やかな衝撃的な「斎藤喜博」との出会いであった。

## 斎藤喜博との出会い「広島県呉市立鍋小公開研」　◆講座27◆

二度目の斎藤喜博との出会いは（と言っても一回目同様、斎藤喜博のお出でになった全国公開の学校でのことだが）広島県呉市立鍋小学校の全国公開研でのことである。

同じ学校（上緒方小学校）の新卒で教師一年目の戸次達彦さんと行くということで申し込んでいたのだが、同じその日に県教組のストライキが予定された。組合員であった私たちは、（というか私は分会長でもあった）ストがあれば公開には行けないのであるが、その前夜の県教組と県教委の交渉の結果を待って出発することにして自宅待機した。午後十一時半スト中止指令を受けて、すぐに戸次さんと連絡を取り、私の乗用車で出発した。

小倉駅で新幹線に乗り換え、呉駅下車、朝の会の終わりがけ一時間目の授業に滑り込みセーフというぎりぎりで鍋小に到着した。

国語の授業、どの教室も超満員で子どもの顔が見えないという中での授業参観だったが、ここもやはり子どもの集中感がみなぎり、しかも実質的で内容だけが問題にされる「授業」であった。

「ハイハイ」と言って挙手をして、教師が指名をして子どもがもぐら叩きのもぐらみたいにピョっこり立って、「……と思います。わかりましたか。よいですか。誰かいませんか」とか言ったり、「○○さん」と子どもが子どもを指名したりとかの我々が当時批判的にというか、からかって言っていた「授業ごっこ」とは全く違う本質的な「授業」であった。

しかし、このとき何よりも驚かされたのが、授業の後、校内放送で「参観の先生方は運動場に出てください」と案内されて運動場で聞いた全校合唱であった。聞いたというかそのとき見た光景は一生忘れられないものであった。

鍋小は全校児童数千名余の大規模校であったが、その子どもたち全員が、運動場を取り囲むようにして建てられた三階建ての校舎のそれぞれのベランダに勢揃いして、運動場の指令台に立つ指揮の先生に合わせて、（伴奏は音楽教室からのピアノだったが）合唱曲「うさぎ」を歌い出したときの爆風のような圧倒的な子どもの強い大きい深い声に包まれて、やはり千人はいただろう全国からの参観者もただただ感動の渦の中に飲み込まれたという感じであった。あんなに遠く離れたピアノの音を聞き、遠く離れた指揮者の腕、指先、体全体に反応して、ピーンと糸が張られた千の心が強く温かく美しかった。

体育館に入ってまた驚かされた。壁に貼ってある共同版画「音戸の瀬戸」のスケールの大きさと細部にわたる彫りと線の繊細さであった。全体の大きさも縦五メートル横三メートルほどもある壮大なその二百名近い（?）六年生全員による共同版画。

そして、子どもたちの一本一本に心を込めた線と色の明るさに満ちた各学年の全員の子どもたちの絵などに囲まれて体育館での体育（跳び箱・マット運動）発表、一年生から順に出て来て歌っていく音楽発表の子どもの歌の美しさにずっとしびれるような時間を過ごした。

全体研究会のとき、森山東小と似たような参会者の質問も出た。

「音戸の瀬戸」の絵は大変な力作でとても小学六年生の作品とも思えないようなものであるが、これに対して発表要項の指導時間百何時間というのを取り上げて、「図工科の指導内容は描画・工作など様々にあるが、ほとんど版画ばかりやっていたのでしょうか。そういうことはどうなっているのでしょうか」という質問であった。これに対しては、斎藤喜博は、自らは答えないばかりか、鍋小の先生にも答えさせず、さっと気を利かして「こういう話は県の指導主事の先生がいいでしょう」と二人来ていた広島県教育委員会の指導主事の方にふった。

指導主事もしかし見事に応えた。「まず、この版画を見て、お互いにこれだけの集中力と細やかな描く力、作る力、鑑賞する力まで育っていることを見ることの方が大切でしょう。我々の側にこれだけ、百時間以上も子どもの意欲を持続させるだけの力量があるかが問われているのです」と言った。質問者は次の矢を失ってしまった。

今頃盛んに言われている「総合的学習の時間」のあり方とも通じる話だと今更思う。

斎藤喜博はこのときの話の中で、「公開をなぜするのか。子どもの力を飛躍的に伸ばす公開について」国語の授業や体育や音楽の発表にかかわって細かく話された。眼光は鋭かったが時折、本心うれしそうな笑顔を見せながらの話だった。

「子どもの力のすごさに気がつかなければ教師失格ですよ。子どもの欠点だけを指摘して先生だって言ってるようではだめですね。その反対に子どもと仲良しになってしまって何も働きかけもできずというのも教師失格。江戸時代に梅毒の薬を作ろうというので何百回も試みたが失敗した。そしてついに六百何回目かにできたのでその薬の名前が『六百何とか』って言うんだって。教師も願いを持ってそのくらいあきらめずしつこく追求するということが大切なんで、ここの鍋小の先生たちは、教師集団という組織も使い、一人ひとりの先生たちもそういう気持ちで、教材を選び子どもとまっとうにぶつかってきたから、今日のような子どもたちが出てきた。今日なんか、体育発表の跳び箱やマット運動で何人も今までできなかった子どもができるようになっているわけですよ。

そして、先生たちも子どもの側へ行きませんよね。ちょっと離れて見ている。目と目、指先、ちょっとした指示とか働きかけで子どもはそれが見えてやり遂げていく。子どもの自主性とか主体性なんて甘っちょろいことを言っていたんでは、今日の子どものような目の覚めるような子どもの事実というのは出ないんです。それは、教師としては大変に厳しい世界ですが、反面、本当に楽しい世界でもあるんです。授業で勝負するなんて私の言い出したことですが、一つの流行言葉みたいになっていますが、どうもただのかけ声になっている。本質的な厳しさと楽しさの両方に欠けていると思うんです。子どもの可能性というのもそうですね、お題目になってしまっていてどうも事実が生まれていない。事実を生み出す教師の覚悟とか働きかけの具体がないところで使われてしまっている。今日この鍋小の事実を見た千人の人は、全くその目と体全体でそういうことを感じて帰って、今度は自分の目の前の子どもたちと取り組む。それがまた公開のもう一つの意味でもあるんです。……」

森山東小に一緒に行った達生さんとサークル第三土曜の会を結成して毎月の例会で実践検討を続けていたその次の年、新卒で私の学校に赴任した戸次さんと鍋小を見たのだが、結局、鍋小から帰って二人で、サークル学級公開研を開くことになるわけで、この鍋小公開は大きな力を私たちにもたらしたことになった。

斎藤喜博との二回目の出会いは完膚無きまでに私を打ちのめし、「斎藤教授学」による実践を生涯決定づけるものとなった。「人間の無限の可能性をぎりぎりまで引き出し、組織し、高め、深める中で、教師もまた、人間として変革をし続ける厳しくて楽しい、民主的で明るい豊かな学校づくり」への本格的なスタートの日となった。

次回の講座では、斎藤喜博との三回目の出会い、これこそ極め付きと言うべき、「教授学研究の会夏の公開研究会雲仙大会」のことを報告したい。

## サークル研「第三土曜の会上緒方小学級公開研」　◆講座28◆

三度目の極め付きの斎藤喜博との出会いの前に、関わりもあるのでつなぎの講座として、わが第三土曜の会のサークル公開研の話で講座28としたい。

鍋小から帰った私と戸次さんは、いわば「鍋小のような授業」をめざして、あらためて実践に打ち込んだ。そして、その年度の終わり三月七日、サークル第三土曜の会主催で、上緒方小学校三・四年生の学級公開教育研究会を持つことになった。

三年の戸次さんの国語「虫けら」（大関松三郎）の授業、私の四年の算数「変わり方」の授業、体育発表（跳び箱・マット運動）昼食（給食）の後の参観者とのレク、そして、音楽（合唱）、オペレッタ（三年「かさじぞう」）表現（四年「子どもの四季」）、全体研究会。参観者は四十人で、講師は、大分大学の野村新先生であった。

参観者の中には、宮崎県から今吉愛和先生も来てくれたし、今は県教組の書記長をしている人とか、県の教育センターで研究部長まで務めた牧野桂一さんとかもいた。そのころ十三名ぐらいになっていたサークルの人たちは、何かと手伝ってくれたし、とりわけ、ピアノ伴奏をしてくれた森本春美さん（現竹田養護学校）は、私から、何度も伴奏の仕方を直されながらも必死に取り組んでこの公開を支えてくれた。

感想の中には次のようなものもあった。

「感動した。圧倒的な子どもの事実に打ちのめされた。全国各地の全国公開の学校の子どもに決して引けを取らないすごさであった。国語の授業も算数の授業も子どもの考えを待って、じっくり引き出す追求的なものだった。体育、音楽はもう、感動で涙が止まらなかった。これだけの事実を創り出した清春先生と戸次先生に本当にありがとうと言いたいです。」（大分市・小学校教師）

「新卒の戸次さんが、これだけできるということにびっくりしました。清春先生の指導力というのは、子どもにだけでなく、こういう同僚とか若いサークルの人たちにも十二分に発揮されたのだと思います。清春先生が指揮をされる後ろ姿を通して子どもの顔を見ながら泣いてしまいました。強い声、ピーンと張り詰めた合唱、すごかったです。ありがとうございました。」（大分市・小学校教師）

また、講師の野村先生は最後に次のような言葉を子どもたちに贈ってくれた。

「今日は朝から国語や算数や体育・音楽・オペレッタ、表現活動と上緒方の子どもたちが頑張っているのをじっくり見させてもらいました。朝からみんなの勉強しているのを見させてもらった先生たちも、上緒方の子どもに負けない子どもになるようにそれぞれの学校に帰って頑張ると思います。勉強の試合です。これからも皆さんも頑張ってください。今日は本当にありがとうございました。」

後の打ち上げに向かう車の中で、私は戸次先生に言った。

「戸次さん、今日のような研究会は、もう私が校長になるまではできないかもしれませんよ。子どもの本心真剣で集中してて、優しくてやわらかい表情。きれいだったですね。これからは、今日の事実との闘いになるかもしれませんが、あまり、焦らず、一方的でなく、いろんな角度から攻めながら、実践をし続けましょう。」

戸次さんの答えはなかったが、心の中でその私の言葉を反芻しているような表情だった。

その後、サークル第三土曜の会の中心メンバーとして戸次さんは実践を続け、県教育委員会の指導主事まで務めるようになる。後に、私が主宰した大分県直入《なおいり》町の長湯温泉での合宿研の事務局長もされたりして……。

戸次さん二十三歳、私は三十二歳であった。

この公開研のすぐ後、私は母校緒方小学校へと転任したが、その一年目、雲仙で開かれた教授学研究の会夏の公開研究大会での発表者となった。そして、そこで三度目の、極め付きの斎藤喜博との出会いを果たすことになる。

# 斎藤喜博との出会い「教授学夏の公開研究大会雲仙大会」1　◆講座29◆

上緒方小学校での「公開」が済んで、私はすぐ母校緒方小学校へ転任となった。希望でもあったし、埼玉県から帰るときに町の教育長も、「そういう条件で埼玉県まで行ってきたんだから、最初から緒方小学校でもいいんですよ」と言ってくれたのだが、「まあ、いずれ母校に勤めるのは夢ですが……」と言いながら、上緒方小学校を希望した。しかも「三年で緒方小へ」という教育長に頼んで、「もう少し仕事があるので」と言って上緒方に四年いた。その四年目が、前回報告したような「サークル学級公開研の子どもたち」だったわけである。

緒方小学校で三年生を受け持った私は、少し休憩だというような気持ちもあった。だが、この子どもたちは、また、大変にすぐれたよく育てられた学級であった。

私の働きかけに応えて、国語や算数、体育や音楽も次々に「実践」を創り出していった。

このころ、大分大学で、野村新先生を中心に「教授学の会」が組織され、私や「第三土曜の会」のメンバーも時々、大学の例会に出かけて実践を発表したりしていた。

野村先生に、「今度、夏の公開大会が九州、雲仙であるので、後藤さんはぜひ発表を」と言われて、私としては、「国語・体育・音楽の総合的な発表を」と言ったのだが、「どれか一つに絞ってください」と言われ、「体育、それも跳び箱の指導」の発表ということになった。

そして夏休み、「教授学研究の会夏の公開研究大会」が長崎県雲仙温泉で開かれたので私も一人の発表者として参加した。ホテルの大広間で一日目の夕食のあと、私の「跳び箱の指導」の発表をビデオでするために、ビデオのチェックを行ったが、発表用のビデオではなく、他のビデオをかけた。まだ、大広間に何人かの人がいたので、本番用のビデオはとっておきたいという思いもあった。チェックは何の問題もなく終わり、少しの休憩のあと、午後九時頃から、参加者全員が大広間に集まって、「体育の発表」が行われた。

斎藤喜博は、そのとき、肝臓の病気で長期入院中であったが、群馬県高崎市の国立病院の入院先から病をおして二日目の講演のために来ていた。だから、開会行事にも、午後の研究発表にも姿を見せなかったし、もちろん夜の私たちの「体育の発表」にも出る予定はなかった。

私の前の青森の柴田さんという若い先生の中学校のマット運動の発表が済んだ。いよいよ私の番である。発表のために前の方へ出ようとしたときに、会場がざわざわした。突然、中央の出入口から斎藤喜博その人が入って来た。

「下で若い人たちが一生懸命研究発表をしているのかと思うと自然にこの大広間に向かっていました。這って来たのですよ」と言って笑われた。「ずいぶん長く入院していたので足腰も弱っているし、付き添ってくれている人にご迷惑をかけてはいけないと思っているんですが、来てしまった。皆さんの顔を見るとしゃんとするから不思議ですね」と言ってまた笑った。

ざわめきのおさまる間もなく私の跳び箱の発表に入った。少し前口上のような話をして、すぐにビデオをかけた。ところが、本番用のビデオはチェックしていなかったものだから、早送りの映像が出た。頭の中は真っ白という感じで、そのチャップリンの映画のような映像を見ながら、本当にしどろもどろになっているのを自覚しながら、それでも何とか「跳び箱を全員が楽しんで跳ぶということ」について話そうとするのだが、八百人近い参加者の目が、それに来るはずもないあの斎藤喜博が見ている。もう舞い上がって何を言っているのかわからないというこ とになってしまった。見るに見兼ねた司会役の大学の若い研究者が、「ちょっと中断」と助け船を出してくれた。

## 斎藤喜博との出会い「教授学夏の公開研究大会雲仙大会」2 ◆講座*30*◆

機械をチェックし、ビデオテープもよく見たが、早送りになる原因は簡単だった。もともとこの「跳び箱」のビデオは三倍速で録画してあり、このときのビデオプロジェクターの再生機は、標準速にしか対応できないものだった。

ちょっとした中断のあと、すぐに斎藤先生は「いいですよ。早送りでもよくわかりますから」「もう一度それを出してみてください」とおっしゃった。

茫然としている私に構わずに、三倍速の「跳び箱」のビデオが写し出された。子どもたち

（緒方小三年生）は次々と跳び箱を跳んでいった。だが私の顔色は青ざめていたのに違いない。一緒に行っていた友人の牧野桂一さんが、とっさに「後藤、八ミリも持って来ているんじゃないか。鍵を！」と私から奪うように車の鍵を受け取ると、すばやく大広間を出て私の車へ走った。

ビデオが終わって、研究者や参会者から「跳び方が形式的ではないか」とか「着地はやわらかいが、空中姿勢が固い」とか様々意見が出されているとき、牧野さんが八ミリ映写機とフィルムを持って帰って来た。すぐにそれも映写された。念のために持って来ていた同じ子どもたちの跳び箱の映像であった。だが、今度はこちらは回転スピードの関係かややスローモーションに写った。

斎藤喜博はコメントで次のようなことを言われた。

「三年生全員があれだけやわらかく見事に跳び箱を跳んでいることに大変感動した。特に何人目かの女の子、お尻をこすりながら、ふわっと着地した。こういうところが見えないと授業というのは組織できないんです。飛び越すことだけが運動の目的ではない。やはり教材の解釈ということなんです」と。

体育の発表全部が終わったあと、野村先生から「いい内容の実践を持っているのに、発表の仕方がねえ。九州の人はそういうところがあるのかね」って斎藤先生に言われたということも伝えてくれた。

その夜は、ビールも酒もうまくなかった。一緒に行った人が交々「でもすごい跳び箱だったよ」というのを聞くのが何とも苦痛で、教授学研究の会の世話人でせっかく私を発表者に推挙してくれた野村先生にも申しわけないという気持ちだったし、さすがの私も、うなされて、なかなか眠れなかった。

翌日、斎藤喜博は、しかし講演の中でも私の実践に触れて次のような主旨の話をしてくれた。「学校ぐるみで実践するということが大切なんです。しかし、大分の昨日の跳び箱の先生のように、サークルで検討し、学級を公開するということも生まれてきている。子どもの可能性なんて出てみなければわからないこともある。とにかくガムシャラにぶきっちょでもあきらめず取り組む。その中から光が見えるということなんですね。……」

牧野さんが、「ほら、君のことだよ。すごいね、斎藤喜博が誉めている」と言って笑った。牧野さんの思いやりを感じながら、昨日の悪夢のような（と自分ではまだ思っていたが）出来事が少しずつ癒えていくのを思った。

閉会行事のおり、担当の研究者が、「今から申し上げる方は、国土社の方で実践・研究発表の原稿を依頼しますので残ってください」と言って「……大分の後藤清春さん……」と言われてやや呆気にとられているところへ、また牧野さんが「良かったなあ」と言ってくれた。斎藤喜博が講演の中でもフォローしてくれたとはいえ、ぶざまな発表には違いなかったので「原稿依頼」はあり得ないと思っていた。

国土社の担当者は言った。「原稿用紙五十枚に今回の発表についてまとめてください。八月末日締切ですのでお願いします。それを集めて単行本にしますので……」

帰りがけ、野村先生が私をよびとめて「後藤さんの発表内容、斎藤先生は大変高く評価していますよ。良い原稿を期待しています」と言ってくれた。

翌年、国土社より『実践の事実に立つ授業研究』という単行本が出たが、その実践編のトップに私の実践記録も入ったし、表紙カバーにも私の「跳び箱の指導」が入ったりしていたのでこのときの斎藤喜博や野村先生の話は、ぶざまな発表への慰めではなかったのだとあとになって思ったりもした。

そして、その後間もなく斎藤喜博は肝硬変で亡くなられるのであるが、結局この本が「斎藤喜博編」の最後の本になった。また、最晩年に斎藤先生が創刊された月刊誌「事実と創造」の第4号に、重篤の病の床の中で小康を得て口述筆記されたという絶筆の文章が出たが、その中にも私の「跳び箱の発表」にかかわっての一文があった。

---

これは三年生の「開脚腕立てとびこし」の指導を八ミリで見せてもらったときのことである。すばやくとびこす子が多かったなかに、一人だけ跳び箱から降りるとき腰をこすって降りる子がいた。私はその美しいとびこしを感動して見た。他のどの子どもより美しいと思った。特に腰をすって降りるところが、やわらかいリズムがあり流れがあって美しか

った。しかし八ミリで自分の実践を報告した先生はその美しさに少しも気づかなかったようである。その子の跳躍の美しさを少しも強調していなかった。すばやくとべる子だけをよしとしていたのかも知れない。

しかしこの場合はそうではなく、まず腰をすって降りる子の美しさを第一番に認め、感動しなければならない。そういう目を教師は持っていなければならないことである。

そういう美しさがみえれば、この報告者は八ミリの撮り方も変わってきたはずである。すばやくとびこせる子より腰をすって降りる子のほうがどうして美しいのかと考え、両方の子どものものを何回も角度を変えて撮ってみ、その原因を究明してみることができるはずである。そういうことができ、的確に具体的に八ミリの報告がされたとき、その研究も生きたものとなり、研究を聞いた者も深い感動を得るわけである。

また指導者自身も新しい一つの指導の方法を確実に自らのものにすることができる。こういうこともまた事実から学ぶことであり、事実を積み上げていくことである。」(『事実と創造』第四号P4～P5)

---

三度目の斎藤喜博との邂逅は最後の邂逅になってしまったが、私にとっては峻烈を極める出会いとなった。そして、「教育の実践の持つ深さと重さと厳しさと優しさと明るさ」まで私の全心身に染みわたるものとなった。

その後、時折、あの顔面蒼白で茫然と立っていた私自身へと思いを巡らせながら、「子どもとまっとうに、ぶざまでもカッコ悪くても、粘り強く真剣に明るく付き合う」ことが斎藤喜博に学び続ける「後藤清春そのものだ」と思う日々を今日まで重ねてきている。

## 「雨にも負けず槍にも負けず」（教育現場あれこれ）◆講座34◆

私も今年度が終わると教育現場に三十年いたことになる。考えてみると不思議な感じさえする。斎藤喜博ではないが、「教育の仕事は好きだったが教育界というところは好きになれないできた」のに、よくぞまあ三十年という気持ちもある。

子どもたちと「授業を創り出すとき」、「授業に集中しているとき」がもっとも幸福なときだったわけだが、意外と多くの時間、それ以外のことをしなければならないのが教育現場というところでもある。とりわけ、そのほとんどが小学校の現場だったから、雑務、人間関係とかにかなりのエネルギーを割かなければならなかったということもある。そういうのはうっちゃっておくという自分の性格もあるし、天性の楽天家のところもあったが、ある意味では大変な目にも遭ってきた。私は良く冗談めかして「雨が降っても槍が降っても」なんて言ってきたが、実際「槍が降る」ようなことが多かったのも事実である。

まだ若かったある年、健康のためとダイエットのために十一キロ以上も離れた勤務先へ自転車で通勤することにした。その最初の子どもたちとの出会いのとき、新任式で私は言った。

「この一年私は自転車で学校に通います。雨が降ろうが槍が降ろうがです」

すかさず、低学年の子どもが言った。

「槍も空から降ってくるのですか」と。

聞いていた先生たちも他の子どもたちも笑ったが、私は大まじめな顔で、

「そうです。時には槍が空から降るのです。でもなんとかその槍もよけて頑張って通います」

と言ったものだ。

確かにそこに通い続けた二年間には「槍も降った」のだ。

私の実践が進むにつれて心ある人は私を支持してくれたが、余りよく思わない人は何かにつけて私を攻撃した。そのときの言いぐさというのが、直接私の実践に触れてのことではなく自転車通勤のことを言ったりした。

「清春先生は、自転車で通っているけど、通勤手当は自動車の手当をもらっている」とか
「自転車で三十分以上もかかって通ってくるので疲れてしまって授業も自習みたいなことをしているのだ」と根も葉もないことを言い出したりした。

そして、私の子どもたちが学力的に進んで何でもできるようになってくると、「あれは子どもの力がすごいのであって清春先生の力ではない」なんて言い出す。あるとき、子どもの読書

調査というのがあって私のクラスが他を圧倒的にリードしてトップになった。（私自身こういう調査をするのはどうかと思っていたのだけど）すると、ある先生は「あれはおかしい。そんなに本を読むはずがない」などと言う。その人のクラスは最低だったんだけど、読書指導なんて全然できない。悔しいから子どもに一日五冊は本を読めなんてめちゃくちゃを言ったりしたという笑い話もあった。

もちろん、そういう手合いはほとんど笑って相手にせずという姿勢を貫いてきたが、何かイヤな感じがした。教育界はそういうことも多いところとは知っていたのだけどこうなると何という世界かと思ってしまいやるせない気持ちにもなった。

そして、そんなとき決まって私は斎藤喜博の本を開いた。斎藤喜博の本を開くとそういう教育界のイヤな空気に惑わされずに「自分の実践に集中せよ」というメッセージが事実をもって語られていた。

いずれにしてもこの教師としての三十年余はほとんどそういうわけのわからぬ「降ってくる槍」との闘いでもあった。もちろん私自身のある意味強引さ、実践に対する強い意志のようなものもあったから、あながち降ってきた槍が悪いとばかり言えないところもある……わが宿命と思うときもある。

管理職になって「えらい丸くなってしまったなあ」なんて揶揄されることもあるが、内面は全然変わってはいない。ただ今度は私なりに立場が違うという意識はある。子どもたちばかりでなく先生たちのマネージメントが、今の仕事だ。じっくり人の話を聞く、人の実践をしっかり見守るという立場になった。「自分が槍になってはならない」という意識の変革が必要だと思う。

そういう意味でも、まだ、私の仕事は道半ばにも至っていないと思うこの頃である。

## 春待つこころ　◆講座35◆

冬の終わりの春の初めにという時候となってきたが、まだまだ九州の山中の私たちの町も厳しい寒さが続きそうである。自分の誕生日が三月十一日ということもあり、また春待つ頃と言うこともあって意外と一年の中でも好きな頃が今でもある。前に書いたサークル第三土曜の会の学級公開研が三月七日であったし、寒いけど春への期待を持つ時季《とき》だからである。

そう言えば、斎藤喜博も良く授業で取り上げた教材に「春」という詩もあった。

春　　　　　　　　坂本　遼

おかんはたった一人

峠田のてっぺんで鍬にもたれ
大きな空に
小ちゃいからだを
ぴょっくり浮かして
空いっぱいになく雲雀の声を
じっと聞いているやろで

里の方で牛がないたら
じっと余韻に耳をかたむけているやろで

大きい　美しい
春がまわってくるたんびに
おかんの年がよるのが
目に見えるようで　かなしい
おかんがみたい

この詩を私も何度も取り上げて授業をした。「春の悲しさ」これは日本独特ではないか。三月卒業、四月入学そして就職ということ、あるいは昔の小作農民の春からの過酷な労働の悲しさ……ちなみに私の隣保班では、「春忘れ」という行事もあった。一種の地獄入りであった。春が来ると、田おこしから始まるほとんど人力の農民の労働の辛さも始まるのだ。

斎藤喜博が昭和五十一年に青森の三本木中学校の二年生としたこの「春」の授業記録の中にもそういう類の問いがある。(『わたしの授業』第三集〈一莖書房〉P．28)

「どうして春がまわってくると悲しいんですか」「大きい美しい春が来たら誰だってうれしくなる。それ桜の花が咲くぞ、それ高校に入学するんだぞ、小学校の一年生になるんだぞ、遠足があるぞ、草が萌えだしてくるぞ、今まで寒かったのが暖かくなって、いい気持ちになるなと、普通ならば春が来ることはうれしいことでしょう。それをどうしてかなしいというのか」「春が美しければ美しいほどいっそう悲しくなるのですね。さあ考えてみて下さい」

そしてこのときの斎藤の授業では、安直に子どもの答えを求めてはいないのである。「春になるとおかんが年をとるから」という詩の文章からの答えも出るがそれにはあまり触れずに志貴皇子の「石走る垂水の上の早蕨の萌え出ずる春になりにけるかも」という「喜びの春の歌」を紹介したり、坂本遼の自分のために売られていく牛のことを書いた「牛」という別の詩を出したりしてそれぞれに考えることだけを要求している。様々に想像して読み、声にしていくという授業を展開している。

私の一番好きな今頃「春待つ頃」ではあるが、悲しみも空しさも寂しさも、その中に孕んでいる春。もう少しその春の始まりの中にいる。今日は二月七日。まだまだ春本番には遠いけれど……。

## 教頭の一日 ◈講座37◈

今回は、私の「教頭職」の一日を書いてみる。大分県の山間部の小規模校の一教頭の現実である。大体毎日こういう一日を送っているということ、少し長くなるが……。

朝七時十五分学校着。いつもは歩くか走って来るのだが、今日は軽のトラックで。もちろん通勤手当は出ない。家から学校まで2㎞しかないこともあるし、正規の通勤方法は「徒歩」と届けてある。

学校に着くと、まず開錠。セコムのセットを解除して、職員室に入り、校長室、及び児童玄関、体育館への渡りの出入り口、そして特別教室への戸口と開けて歩く。その間に、校長室と職員室のストーブの火もつける。今のストーブは電源を入れるだけだから何ということはないが……。

少しゆっくりして、コーヒーを煎れて飲みながら朝刊に目を通す。

七時三十分を過ぎる頃から子どもたちが登校して来る。職員室の私のところまであいさつに来る子もいる。「風邪ひいていないか」とか話しかけたりする。この頃から職員や家庭からの電話が入る。「風邪で欠席します」「年休をください」などという電話に出ながら、メモをしていく。このところ風邪が流行っていて家庭からの欠席の届けが多いし、職員もちょうど学齢の子どもさんを持つ方も多くて、その関係で年休の届けとか「朝少し遅れます」という電話も今日は三件ほど入った。

斎藤喜博校長の島小での意識的な「遅刻や欠勤は自由にしよう」という初期の職場づくりの話は有名だが、もちろん私の学校は、「遅刻も年休もきちんと法に定められた届け出」をするのだが、その島小の精神は大事にしようと思っている。つまり、先生たちが職務（授業）に専念するために、体調の悪いときや家族が悪いとか、気分転換を図って精神のリフレッシュを図るとかいうときなど、何の気がねもなく年休や病休が取れるように配慮するということをいつも確認し合っている。そうは言っても先生たちは、何とまじめなのだろうかと思うほど、法定の年休を大半残しているというのが毎年の実態である。休養のための年休を取りたくても取れないという多忙化現象というのもある。少なくとも管理職に言いづらくて年休が取れないということはないようにはしてきたつもりであるが……。

八時前になると職員が出勤して来る。「おはよう」「おはようございます」と今朝も寒かったが、天気の話。職員室はもう十分温まっているのであるが職員にも風邪ぎみな人もいる。八時十分から朝の打ち合わせ。五分間。週番の先生の司会で、校長の話の後、今日のことについて。私からは、欠席の電話を伝えたり、今日の日程の提案をする。職員会議。校内研修。指導案審議と今日も忙しい日程。

二年担任が少し遅れるという連絡を受けていたので二年の「朝の会」へ私も参加する。その中に「歌」のコーナーがあって、先日、担任が年休を取ったときに一度だけ（三分ぐらい）教えた「なかよしいっぱい」という歌を子どものリクエストで私が電気オルガンを弾いて歌う。二十五名しかいない二年生が口をいっぱい開けてものすごいボリュームで歌う。この歌は、一昨年、広島の大田小の公開で二年生が歌った歌である。「一、二、三、四」というかけ声と終節の「いっぱいつくろうよ」というフレーズが輝く歌で、子どもらしいぴちぴちした表現ができる歌である。

歌が終わって当番の子どもの一分間スピーチが終わってちょうど担任が出て来てバトンタッチ。朝から心温まり気持ちよかったのは子どもでなく私の方かもしれなかった。

職員室に戻って今日の職員会議の資料作成や二月二十五日に予定されている来年の一年生保護者会のワープロ打ちなど……合間にコーヒーを飲んだりお茶を飲んだりはするが大変な事務量である。中にＰＴＡの副会長から頼まれた子ども向けの意識調査のアンケート作成等もあったりする。結局午前中いっぱいデスクワーク。それでも済んだわけではないのだが……まあ我々の仕事（教育に関わるものは）「もうこれで済んだ」ということは永遠にないと言うべきかもしれない。

給食。一時には児童下校。今日は研修、職員会議がある水曜日である。少しほっとする時間である。ふだんの昼休みだと子どもたちが来たり、先生方も何となく慌ただしくしているので、どこの学校もそうだが休みとはならないようなところが学校現場にはある。

午後二時から校内研修。今日は来年度からの移行措置に伴う「総合的な学習」の内容や時間数、教育課程についての研修。午後三時からは引き続いて職員会議。卒業式の呼びかけや係などの提案と検討。今、私たち大分県の小学校の卒業式はたいていどこも呼びかけ形式というのでやるし、ステージは使わずフロアーで対面式でする。これなども考えてみれば、島小の卒業式の初期の頃のものが形だけは残っていると言ってもいいかも知れない。

午後四時から理科専科の提案授業の指導案審議。勤務時間が終了してもまだ白熱した論議も続くということになったが、私の方で「勤務時間だから今日はこれくらいにしましょう」と言って終わらせる。全くすごい先生たちだといつも思う。行動的で動きが速い、頭の回転も鋭い教職員集団だと思う。

勤務時間が終わる四時四十分を過ぎても、全部の先生たちが一斉にさっと帰るというわけではない。残って事務整理をする人、教材研究をする人……そういう先生たちの相談にも乗りながら、自分の事務整理（学校日誌づけ等）をし、戸締まり。三階ある校舎全体を見て最後にセコムをセットして施錠をして、歩いて家まで帰る。

今日は昨日の吹雪の寒さとは違って日ざしも春めいて一日過ごしよい屋外の天気だったが、実は一度も外に出る暇はなかった。「春が来る」のかと思う暇もなかった。でも忙しいけど中身の濃い一日ではあった。

## 音楽教育事始め「埼玉県八潮市立八潮第二小学校」◆講座38◆

初めて自分で自分の学級の音楽の授業を受け持ったのは、二十六歳、埼玉県八潮第二小学校の六年生を受け持っているときだった。その前年、大分県の玖珠町八幡小学校から県外派遣教員として八潮第二小に赴任していきなり六年生を受け持たされたが、音楽は専科の先生がいたから任せていた。

ところが、二学期のあるとき、その音楽大出の音楽専科から次のような話が出た。

「後藤先生、一度音楽の授業を見に来てくれませんか。子どもたちがあまりいうことを聞かないんですが……授業にならなくて」

「そうですか。学級でもよく指導はしているんですが、……一度見に行きましょう」

何日かして音楽の授業を見に行った。

その音楽の先生はピアノはバンバン弾くし、話しかけもメリハリがあってきちっとしている。授業は流れるように進み、何ら子どもが荒れる要素はないかに見えた。しかし、四十五分間の授業の半分ぐらいまで来たときに、少し子どもの表情がくもった。楽典とか説明が長くなってきたからだった。心中で早く歌えばよいのにと思ったが、その先生はそういう子どもの表情に敏感に逆に反応したのか、一段と声を高くして、「二長調が……」と説明を続けた。子どもたちは担任の私がいるにもかかわらずざわざわし始め、集中を失っていった。たまりかねて「しっかり聞きなさい」と一度私が叱責すると表面静かになったが、最後まで子どもの意欲がもどることはなかった。そしてその先生も終わりに申しわけに一度ピアノを弾いて「では歌いましょう」と言ったが、子どもの口は開かなかった。惨憺たる気持ちに私もなった。その音楽のすごい腕を持った先生にすまないという気持ちもあったが、これでは仕方がないという思いのほうが強かった。

「来年度は何年生だろうと自分で音楽を受け持とう」と思った。ピアノはできないし、歌は流行歌《はやりうた》、それも演歌かフォークソング……それでも担任がした方がよいという気持ちだった。「もっと楽しい音楽を」という思いだけだった。

翌年、私は再び六年生担任となった。音楽専科ももちろんいたが、校長に「音楽は自分でさせてください」と頼んで、初めての音楽の授業ということになった。

六年生の音楽の最初の教材は、文部省唱歌「おぼろ月夜」であった。教材研究のすべては、音楽の「おぼろ月夜」のピアノ伴奏練習。音楽室で遅くまで「秘密の練習」をした。そしていよいよ最初の音楽の時間。「楽しい音楽の時間を」という願いとは別に、私自身は緊張していた。簡単に話をしたあと、ピアノに向かった。「では歌いましょう」と言って前奏から弾き始めた。必死に弾いた。弾きながらあせった。子どもの声が聞こえないのだ。子どもは歌っていないのか……だが弾くのが精一杯で余裕がない。終わりまで弾いたときに子どもの一人がぴしゃりと言ったものだ。

「先生、それでは歌えません」……サーと血の気が引くのと頭の中が空っぽになった気がしたのと同時だった。何を言ったらいいのかわからなかったが、とにかくピアノから離れて前に立った。顔がものすごく紅潮しているのを自覚しながら「一生懸命練習したんですけど……やっぱり歌えないですか。困ったなあ。もう少し練習しなくっちゃね」と言いながら、つい、おぼろ月夜の説明や楽典の話でもしようかと思い始めたとき、他の子が手を挙げて言った。

「先生、私が伴奏しますから、先生は指揮をしてください」と。「そうですか。じゃあ、伴奏を頼もうかな。じゃあ、みんな先生と一緒に歌いましょう」と少しかすれた声でやっと言った。

「菜の花畑に入り日うすれ、見渡す山の端かすみ深し……」

子どもたちは歌った。私もほろ苦さを噛みしめながら歌った。このときの歌も忘れることはできない。歌いながら思っていた。ピアノでの伴奏は無理かもしれない。でも、他にも音楽指導の方法はあるだろう。私の音楽教師の仕事は今始まったばかりだと。

それから、同僚の先生も誘って都内の合唱団に入り、合唱の練習に勤務時間が終わってから通ったりした。また、伴奏も新しい歌を教えるときなどは、ピアノやアコーディオンで「一本指で」音を取って教えた。二部合唱や三部合唱、四分合唱などになってくると、アコーディオンで各パートの音を取る係の子どもを決めて指揮をした。時々リコーダーや合奏もしたが、ほとんど大半は歌唱指導であった。自ら「一本指の魔術師」などとおどけて言う余裕もそのうち出てきた。

また、ちょうどそのころ筑摩書房から出ていた島小境小の合唱集LPレコード四枚組『風と川と子どもの歌』を本当にすり切れるほど聴いた。選ばれた子どもの合唱団の合唱ではなく、田舎の公立学校の子どもの「命あふれる輝きの歌」を私も実現したいと思うようにまでなっていった。

そして、二学期の終わり頃になると、私の六年生たちも、朝の会など三階の教室へ上がる一階の階段の途中で、三部合唱「喜びの歌」など（ベートーベンの第九のテーマ）が響いてくるようにもなった。もちろん今聞くと、まだまだあまりにも粗削りであり、子どもの解放とか抑制とかの自律自己制御が、不十分極まりないが、それはそれで子どもたちにも私にも記念碑的となる歌であった。だから、卒業記念に「今越える一つの歌」というLPレコードを自主制作したりした。

この子どもたちは、卒業式のあと「一つのこと」を歌って、皆私にしがみついて泣きながら、校門からなかなか出ようとはしなかった。（鮮やかに蘇るあの日の青空）

二十五年前の春、私の音楽教師としてのスタートの鮮烈な一年だった。それからずっと教諭の間、音楽を専科や他の先生に頼むことはなかった。

一つのこと　（斎藤喜博詞／丸山亜季曲）

いま終わる一つのこと
いま越える一つの山
風わたる草原　ひびきあう心の歌
桑の海　光る雲
人は続き　道は続く
遠い道　はるかな道
明日のぼる　山もみさだめ
いま終わる一つのこと

## 子どもを自然の中で　◆講座39◆

今日は、三連休のあとの二月十四日。風邪が流行っていたが、この連休の暖かさで少し持ち直した。先週までずっと十数名の子どもが風邪で欠席していたのが、今日は六名。しかし、今夜から寒気団が南下するというので、また寒くなるだろう。三寒四温、春への胎動ということかもしれない。

今日、一莖書房から毎月出ている『事実と創造』の二月号が来た。巻頭に斎藤喜博青年教師時代の『教室愛』からの文章が出ている。次のようなものである。

暖かく晴れた十一月のある日、野菊の乱れ咲く山のなかへ、三年生の子どもたちと遊びに行った。かさかさと落葉をふみ、篠をかきわけて、林のなかを進んで行く子どもたちに私は、「蛇をふまないように気をつけなさい」と後ろから声をかけた。

すると子どもたちは即座に「先生、蛇はもういないよ、もうみんな穴のなかへはいってしまったよ」というのである。私はそのことばのあまりにも確信にみちているのに驚かされたのであるが、そのとき、子どもはこんなことをいっていた。

「先生、へびは音をさせて行けば、みんな逃げてしまうよ」と。

まことに子どもたちこそ土の子であり、自然の子であり、虫や草や小鳥の最も親しい友だちである。

子どもたちは自然の変化や、虫や草や小鳥の所在を、驚くほど的確に知っている。

彼らは、ときに本能的、感覚的にそれらの所在をつきとめることさえできるのである。


---

そう言えば、私も担任時代よく子どもたちと川や山や森の中へ入って行った。新任の玖珠の八幡小、埼玉の八潮二小、上緒方、緒方、小富士、大野東部、……と、どこでも自然の中で遊んだり、子どもと本を読んだり、そして歌を歌ったりした。

中でも大野東部小時代は、「森の教室」での授業が定着していた。そこで「森は生きている」という歌も歌ったりした。算数や国語もその教室でしたりした。子どもたちはとても「森の教室」を気に入っていた。森の中では子どもの甲高いやや早口の声がピッタしマッチしてやわらかく明るく響く。

ある日、その森の教室のある山の地主が学校に怒鳴り込んで来たという。実は私はその日、出張か何かでいなかったために後で聞いた話である。校長と教頭が対応したというのだが、それが見事な対応であったし、後で私に話してくれたことにも全く感動したりした。

地主は断りもなく山に入っては困るというのを言いに来たのであるが、校長は悠然として、優しくその地主に話したという。

「確かに事前に何の連絡もせずにおたくの山に入ったのは校長の私があやまりたい。ところで何か被害があるのでしょうか。それなら、学校としても弁償しなければならないし、担任にも子どもたちにも考えさせなければならない。」

地主は、校長の穏やかな物言いにつられるように、

「いや、何、被害があるというわけではありません。ただ……こういうことは学校から一言あって当然だと思うので……」

「ああ、そうですか。本当に失礼いたしました。あの子どもたちはおたくの山がとても気に入っていて、森の教室ではみんな真剣に勉強すると担任からも聞いています。これからも、時々、山に入るかもしれませんが、十分注意させますのでよろしくお願いいたします」と校長が頭を下げると、地主は、

「いえ、いえ、まあ子どものことですし、校長先生がそう言うなら、これからも大いに山で子どもを勉強させてください」と言ってしまった。この地主さんの最初の剣幕はすごかったけど、最後に帰るときには別人みたいでしたと居合わせた先生たちや教頭先生から後で聞いた。

私は全く申しわけないと思うばかりだった。校長先生には大変な迷惑をかけてしまったと、担任としてやはり事前に山の持ち主には連絡しておくべきことだったと反省するばかりだったが、そんな私に校長先生は、やさしく言ってくれた。

「清春先生、大人も子どもも土から離れたら堕落ですよ。自然の中で子どもを育てる清春先

生のやり方を私は絶対信じます。こういうことは教頭や校長の仕事ですから、構わず、変に反省などしないでおもいっきり『清春流』で、子どもと取り組んでいる今のまま進んでくださいよ。先生の学級の子ども、生き生きしていて気持ちがいい。明るいですね。」

私はその日一日感動して心の底からしびれたような気持ちでいた。校長先生や教頭先生の大きさと優しさを深く感じていた。この東部小学校でできた仕事のすべては、(三回の自主公開研や県連PTA指定研の群読合唱構成「光りあふれよふるさとの大地よ」)「ある意味で奔放な私の実践」を見守る広い強い管理職の心のお蔭だと今更ながら思い出す。今、管理職の端くれとなった私にそれほどの度量や強さや優しさがあるだろうかと思う。

斎藤喜博の巻頭言から思い巡らしたことを記した。「自然の中で子どもを育てる」そういう先生たちが現れてくれることを改めて念《おも》う。

## 「革新町長」H氏と任運荘理事長吉田嗣義さんのこと ◆講座42◆

私の住む緒方町にかつて「革新町長」がいた。五高、京都大学を出て、戦後の労働運動、農民運動、民主化運動に献身し、後に緒方町長として四期十六年「憲法を暮らしの中へ」のスローガンで町政を推し進めたH氏である。

たまたま私と同じ行政区に住まれ（現在は隣の行政区に居を移されているが）たこともあるし、その一期目の選挙参謀が私の父だったこともあって、まだ私は中学生か高校生だったが、精神的に私の大きな拠り所となっていた。

もともと保守の地盤であった緒方町での革新町長の誕生は、当時大変なニュースとなり全国的にも紹介されたりしたが、Hさんの父親が保守の大物町長として長く緒方町を牛耳っていたということも大きく作用したのには違いないが、その選挙運動は本当に支持者の手弁当カンパで行われた当時の緒方町としては大変に珍しいものであった。その挙句の現職を破っての初当選の知らせをまだ有権者でもない私も心躍らせて聞いたことを昨日のことのように覚えている。

今勤めている緒方小学校の職員室の職員図書の書棚に『村の夜明け革新町長十六年』という本を見つけたものだから、突然だが思い出した。

後に、就職して教員となり、私も緒方町労評委員長なども務めさせてもらったが、Hさんとも直接にいろいろお話を伺う機会もできたあるとき、「群馬の斎藤喜博さんという人はご存じですか」と彼に訊いたことがある。「有名な人だから名前は聞いたことはあるが、まだその著書は読んでいない」という答えであった。図々しくも私は次のようなことを学生時代のあこがれの精神的支柱とも言うべき人に言ったものである。

「斎藤さんは教師それも校長だから学校づくり・授業づくりによって『島小』や『境小』に民主化を具体化したわけです。町長さんは、緒方町の校長さんのようなものだから、町づくり・町の産業づくりによって緒方町にスローガンだけではない民主化を実現しなければならないのですね。国が悪いとか、県が悪いとかを言っているだけで革新というのではだめですね。斎藤さんも言っているのですが、教師は大体において、誰か他の人のせいにしているところがある。実践ということをどう考えているのかと疑問に思うような人が多いんですよ」と。

Hさんは苦笑いされながら若造の私の饒舌を聞いておられたが、

「一度斎藤さんの本を読んでみなければいけないね」とおっしゃった。

そのHさんの「革新町政」も五期目の選挙の落選によって終止符を打つわけであるが、その後まとめられたのがこの『村の夜明け』だったのである。出版された当時私も購入して、私の書斎のどこかにあるはずだが、久しぶりにHという人と再会したような思いであった。『村の夜明け』の出版は奥付によると一九八五年八月となっているので、今からもう十五年前の話となってしまった。

今回改めて『村の夜明け』を読み返してみて、Hという人の偉大さを確認したのであるが、出版当時私は読み飛ばしていたのかもしれない序文の吉田嗣義（養護老人施設「任運荘」理事長）氏の「一粒の麦死せず」という文章が大変印象的であった。吉田氏は町にある特別養護老人施設「任運荘」の創設者であり、全国的にもその老人養護介護の実践は有名であり著書も多い人である。私も前回今の学校に勤めたときに子どもたちを連れて「合唱コンサート」を任運荘で開かせてもらったりした経緯もある。この「合唱コンサート」のことは、次回の講座でぜひ触れたい。すでに故人となられた吉田氏のこととも一緒に。

吉田氏の「一粒の麦死せず」の後半部分は次のようなものである。今、私自身もかみしめなければならない内容である。

---

H町長はこの村に生まれ、育ち、ここに生き、ここに死なんとする純粋緒方人である。しかし、「暮らしに憲法を」という政治理念は、彼をして、憲法に重点を置かさせて、「暮らし」にいささか重点を外させていなかっただろうか。この度の敗北は後からは敗因を数えることはかんたんだ。

農村には暮らしが問題である。農村は大物で動かそうとして動くものではない。仮に変化があるように見えても、それは表面にすぎない。善悪を越えて長期を好まない。善悪を越えて理論を好まない。足元の役場吏員でも、足元の字でも、実はそうだったのである。彼は農民に裏切られたと思うかもしれない。逆に農民は彼から裏切られたと思っているかもしれない。ここの両面を両者は知るべきである。でなければこれほどの不毛の戦いはない。ともあれ、民主化は一頓挫した。実に脆い敗北である。しかし、民主化とは権力への戦いである。確かにH町長は保守県政にただ一人勇敢に戦った。しかし、町行政権力が民主化をおしすすめても、結局は行政に過ぎず、住民の民主化の牙は弱っていたのではなかったろうか。華やかな民主化の波も表面でのことだった。

一敗地にまみれて、私たちは失ったものの偉大さを知らねばならない。種が石の上に落ちても発芽し岩を割って大木に育つこともある。ましてや人間の社会である。蒔いた民主主義の種が発芽しないはずはない。Hさん、あなたが長年蒔いた種は君去った後に、その美しい花を咲かせていくことを、あなたは信じるかどうか。裸になった今、あなたは試めされている。

Hさんの十六年間の、いやそれまでの民主化の実践の戦いは、たとえ花としては咲いて残っていなくとも私などの想像を超えるものであったことは、十分にわかる。いかに若気の至りとはいえ、おこがましいことを臆面もなく言ったものである。「斎藤喜博を読め」なんて。私などまだ足元にも及ばないことだけは今実感としてわかる。

## 「ハレルヤコーラス」の子ども（大分県緒方小四年一組・一九八一年度）◆講座43◆

私がかつて前に教諭として今の学校大分県緒方小に勤めたときにすぐ受け持たされたのが三年生であった。今から二十年前のことである。一九八〇年度、私は、前にもこの講座で触れた上緒方小での学級公開研を実践し、ある意味で身も心もへとへとになって母校のこの緒方小に転任した。私は、内心、今度は母校だから六年はいるのだと思っていた。今も大分県では、小中学校では、その校連続在勤六年という上限が内規であるが、丸々六年勤めたのはこのときの母校緒方小が最初で最後となった。

そういう気持ちもあったし、少しは休憩だという気分もあったが、受け持ってみるとこのときの三年生は大変にすばらしい子どもたちであった。もともとそういう子どもたちがそろっていたということもあるし、保護者もそれまでに受け持った先生たちも大変よく育てていたということもある。

受け持って一ヵ月もしないうちに「休憩」などという不遜な気持ちは吹き飛んでしまった。「授業」も大変集中して取り組むし、体育や音楽や図工もそれぞれに大変な事実を作っていった。何より学級としてのまとまりがあり、前向きで何事にも積極的に取り組む姿勢がすばらしかった。参観日やPTAの日など、何も言わなくても後ろに保護者のための椅子を用意したり花を飾ったりよく気の利くクラスであった。子ども同士の助け合いとか協働とかが特に担任がいろいろ言わなくてもできる子どもたちであった。

その子どもたちを持ち上がって四年生を受け持ったときに、私は音楽で「ハレルヤコーラス」を一年間かけて取り組むことを提案した。一度テープをかけてどこかの合唱団の歌を聞かせると、子どもたちは皆「やろう、すごい」と賛成した。

それから、本当に十二月まで音楽の時間や朝の会、帰りの会で「ハレルヤ」を練習していった。もちろん音楽の時間は他の歌曲もたくさん歌ったし、リコーダーや合奏などもあるから「ハレルヤ」は本当に少しずつパート練習をし、三部で合わせるという事になったが、子どもはずいぶん粘り強く取り組んでいった。というよりは、「ハレルヤ」を取り組んでいるということに誇りをもっているという感じでもあった。

一応終わりまで行き着き、本格的な三部合唱の練習にかかったころ、確か運動会後の十月下旬ごろだったか、せっかくの「ハレルヤコーラス」をどこかで発表したいと思っていたときに、前回触れた吉田嗣義理事長の「任運荘」が浮かんだ。当時吉田理事長は、すでに何冊か著作も出され、その入所者を主人公とする養護介護は町内県内はもとより全国的にも紹介されていた。「吉田さんの任運荘ならわかってくれる」という気持ちが強くなって電話すると理事長本人が出て「ああ、いいですよ。慰問ではなく発表ということで」という返事であった。

私自身も「慰問」などとは毛頭思っていなかったので全くわが意を得たりという心境であった。

十二月、子どもたちと「任運荘」を訪れた。ホールにはすでにたくさんのお年寄りの方、そして併設の身体障害者施設「騰々舎」からも若い人なども何人も来ていた。車椅子やベッドに寝たきりの人たちもいた。ホールを埋めつくした入所者と職員は、優に百人を超えていただろう。

初めに子どもの代表と私から自己紹介を兼ねたあいさつをし、施設の代表からもあいさつがあって、すぐに歌の発表に入った。

第一部は『子どもの世界』と題して三曲歌った。

「河原」（二部）「落ち葉」（二部）「チラチラ粉雪」（二部）であった。

一曲歌うたびに拍手。寝たきりの人も車椅子の人も「ワー」とか「アー」という歓声とともに拍手を温かく送ってくれた。

第二部は『ひろがる世界』として「ローレライ」（三部）「ドナウ河の漣」（二部）「ゆずり葉の歌」（二部）を歌った。最後の「ゆずり葉の歌」は一つの頂点に達した。ラストの歌声は澄み切った高く強いハーモニーとなって聞く人の心の底に届くという感じまでした。だから、聞いてくれる入所者の中には目に涙を溜めて聞く人も何人も出たのである。私は、子どもたちの横で指揮をしながらこのように歌が高まっていくのは聞いてくれる人の心に対応したからではないかと思っていた。

第三部は『民謡二題民衆の世界』「木曽節」（三部）と「大漁節」（二部）

「木曽節」の最初に、パート紹介も兼ねてアカペラでワンコーラス歌った。聞いてくれる人たちはこれには喜んだ。ヤンヤの喝采であった。先ほどの涙が乾いて会場のホールを楽しく舞っていくという歌になった。また、「大漁節」（三部合唱）では、日本舞踊を習っている子どもが、服装はふだん着であったが、日本タオル一本を持って歌いながら、みんなの歌に合わせて踊った。

お年寄りの人たちもこの民謡でリラックスした感じにもなったし、子どもたちと聞く人とが本当に溶け合ったようになった。

そして、第四部『人間の世界』

いよいよ「ハレルヤコーラス」（三部）を歌うのだ。一種の宗教曲だが歌うのは人間だ。しかも人間の子どもだ。この歌を子どもたちは本当に楽しんで歌った。最後の四分休符にいっぱいの思いを入れて歌い切ったとき、ついに寝たきりのおばあちゃんがワンワン声を上げて泣き出した。つられるように何人かの泣き声が出る中、最後の曲「一つのこと」（二部）を子どもたちは歌った。泣き声は全体に拡がるような感じになったが、かまわずに、子どもの代表のあいさつ、施設の職員の代表のあいさつと進んで退出したのであるが、聞いてくれた人たちは、しばらくその場を動こうとせず、泣きながら余韻に浸っているという風だったと後でその施設に働く保護者からも聞いた。

学校への帰り道、子どもたちの顔は明るく澄んでいた。それぞれの自己満足もあったが、入所者や施設の職員などの大人の人たちが、掛け値なしに喜んでくれ、感動してくれたのが肌でわかった満足もあった。

後で、吉田嗣義さんからも手紙をいただいた。音楽発表会の帰り際に私の「跳び箱の指導」の入った国土社の本を差し上げたお礼も含まれていた。

顔いっぱいの口で心の丸ごと歌に集中する子どもの顔。全く感動しました。見事でした。そういう事実をつくってきた先生に頭が下がります。入所者との本当の交流というのはこういうことなんだと私もあらためて勉強させられたと思いました。これからもよいお仕事をつくっていってください。

また『跳び箱の指導』ありがとうございました。たかが跳び箱、されど跳び箱ですね。後藤先生の地道な「事実にくっついて事実の中からの創造」という教育実践、まさに斎藤喜博ですね。私も前に斎藤さんの『学校づくりの記』というご本を読んだことがあります。教育界にも本当の本物の仕事をこつこつとやる人がいるというのが私の読後感でした。後藤先生の情熱が新しい学校、新しい授業を実現することにつながります。その熱だけがエネルギーです。これからもよいお仕事を創っていくことでしょう。

今日は本当にありがとうございました。

任運荘　　吉田嗣義

---

私はこの吉田さんの手紙を本当にうれしく読んだ。ありがたいと思った。子どもたち自身が満足し、また入所者の方々も本当に喜んでくれたということの上に、心のこもったお手紙であった。

「ハレルヤコーラス」の子どもたちは間もなく三十歳になる。この頃は、そろそろ結婚ラッシュで何人か結婚式にもよばれたりするが、まず話しに出るのが「ハレルヤ」を歌ったということである。時には、「今でも三人各パートが揃えば三部合唱できるよ」とか言う人もいるけど、「じゃあ歌ってみてよ」とは私も言わないが、覚えているよという彼らの顔が輝くのを見逃すことはない。

「歌」を教えられたことは私の本当の財産になっているということでもある。「歌」とともに子どもたちが蘇ってくるということもある。

## 「授業で勝負する」という斎藤喜博の言葉　◆講座*45*◆

「事実と創造」三月号は、巻頭に斎藤喜博の次のような言葉を載せている。

――――――――

～指導の不徹底～

授業がきわめて円滑に進行したという表現は、一面その指導がきわめて不徹底であり形式的であったということになるのではなかろうか。

「授業」についてのとらえ方が違うということになるのに違いないが、例えば、指導案があって、あるいは、「法則化」のように「発問」「指示」の流れがあって、その計画が円滑に進むということが目標みたいなものを「授業」とは言えないということを言っている。「指導」ということも「授業」と同じようにとらえ方の深さが問われる内容を持っているわけである。形式的であるということをどう受け止めるかということである。

今年度は「授業」を見る機会も自分でする機会も大変に少なかったが、やはりここの読者は、このホームページにある「鹿の授業」とかを丹念に読んでほしい。（本書P．22～P．45）

「授業で勝負する」と斎藤喜博は宣言したのであるが、その中身は意外と深く重いということを皆知らない傾向がある。「おれは授業では勝負しない」などと軽口を言っている人も多いがこういう手合いは、違う世界の人であるから、「公務員として」「教員として」ほどほどに仕事をして給料とって、アフターファイブに「勝負す」ればよいと思う。いや「勝負」などという生き方はもともとしない人だろうから、それはそれで仕方がないと思う。

「授業」で「勝負する」となると、「授業」とはどのような内容を持ったものか「勝負」ってだれがだれと、とかを考察してみなければならないだろう。

「授業」というと、小学校では大体一単位時間が四十五分間で、国語・算数・理科・社会・体育・音楽・図工などの教科を教師が児童に教えることなのには違いない。その教え方を問題にするのが「授業研究」であり、子どもの中に「文化遺産なり文化財」を使って「再創造の過程を踏ませて」、子どもの人間としての成長や発達を実現していくという目標を持った「授業の実現」「その実践と理論化」をめざすのが斎藤喜博の提唱した「教授学」の考え方であった。したがって、「授業」の成立の前提として「教材の解釈」ということを大変に重視した。簡単にいうと、授業者である教師自身の「教材の解釈」を問題にした。もっと言えば、「いかに教えるか」でなく「何を教えるか」ということを重要視した。そこまで包括した「教材の解釈」。

「勝負」などというのもエライ物騒な言葉使いではあるが、よく私たちは「切れば血が出る」などとも言った。「教師が教材と勝負する」「教師が子どもたちと勝負する」「子どもたちの通俗性・弱さと勝負する」「教師が（授業者が）権力・体制と勝負する」なんてところまで入るのか。斎藤喜博には「政治を超える授業」という言い方をした「短歌」もあるから意外と本音はこの辺かもしれないなどと私は思っていた。

「授業で勝負」と言ったのが「島小の実践の内容」が盛んになるにつれて、政治主義の教師や「全生研」などから「二十坪教室派」とか「授業だけやっていても教師の自己満足で、この汚れ切った時代も世の中も変えることなどできない」という批判が出てきたころであった。

斎藤喜博は、次のような反論を実践を通して言っているのだと私は著作などから思っていた。

「教師が授業で勝負しないで何で勝負する。授業はほどほどで、外でいくら政治闘争をしても平和運動に身を呈しても、権力にとっては屁のカッパ、全然怖くもないのだ。ある平和運動のリーダーで、外ではカッコよくアジ演説をぶち、マスコミにも盛んに登場してもの申している人が、教室では平気で子どもへの体罰を行い平然としているということも実際に聞いた。授業はほとんど自習で、堂々と教室で寝ているというのまでいる。結局授業で子どもとぶつかり、教材と衝突して、そこから政治の問題とか平和の問題とかに直に対面していないから、浮わついた『運動』でごまかしてしまい、自分一人のことですましているわけである。『教師は授業で勝負しろ』」と。

「授業で勝負する」というのは本来はそういう使い方をしていたと思う。しかし、最近、よく、管理職などが「授業で勝負しよう」というときの使われ方はどうも違うようである。有り体に言えば、「先生たちは授業をしっかりしてください。サボっては駄目ですよ」というようなニュアンスがある。教師への叱咤激励、もっと悪く言えば、「管理強化」のためにこの言葉が乱用されている嫌いさえある。天国の斎藤喜博も苦笑いをしているのではないだろうか。

ともかく、今もやはり「授業で勝負しなければならない」と私も思う。「勝負になるような授業」を創らねばならない。そのために教材を選び抜き、教材の解釈を自分の脳みそと体でしっかりして、授業の展開をしなければならない。「円滑に進行」などしないけれど、教師と子どもたちとで「ジタバタしながら、のたうちながら」その教材の核心に迫るような授業（前記大戸由美先生の「鹿の授業」（本書P．22～45）が実例だからぜひ再読、詳読してもらいたい）をコツコツと創り出していきたい。

とは言っても「教頭は必要に応じて児童の教育に当たる」というわけで、なかなか授業の実践をすることができない。若い先生たちがそういう世界へ入る手助けができればと思うばかりである。昨年の大戸先生の「鹿の授業」に替わるような授業は今年度は私にとっては生まれなかったのだから、まあ斎藤喜博の論と実践を紹介しているだけの話で情けないと言えば情けない一年が過ぎようとしている。

今日は二〇〇〇年三月二十三日である。外は冷たい春の雨。

## 教師出発の時、一九七〇年二十二歳　◆講座*53*◆

六月五日に教育事務所長訪問もあるからというわけでもないが、ようやく年度当初の様々なデスクワークも一段落したので、昨日は校地内の草刈りなどをした。その草刈りをしているところへ昨年度のＰＴＡの顧問でもあった尾形未春さんがやってきた。昨年度の痛恨の「緒方小ＰＴＡ運動の戦友」という感じで、久しぶりに話もして、今夏県教育委員会主催の研修会で発表するための資料として、昨年の祖父母学級の写真を持って彼は帰って行ったが、明るいまだ青年らしい（実は齢はもうとっくに四十を過ぎているのだが）彼の背中を思い出し、草払い機で草を刈りながら、自分の教師としての出発の頃を思い起こしていた。尾形さんは、実は私が

最初に臨時講師として務めたときの「数学」を教えた中学生である。(わずか半年であったが)

あれから三十年?

一九七〇年三月、ちょうど「学生闘争」の真っ只中、私は大分大学を卒業した。卒業式にも出なかったから、ゼミ担当の教授の部屋で卒業証書をもらった。

教員採用試験の判定は「B」であったから、年度当初からの採用は絶望的であったが、講師の口はあるというので自宅待機した。ようやく四月二十四日になって教育事務所から呼び出しがあった。行ってみると、「産休代替プール要員」(産休の先生があったときのために臨時講師として待機し、教育事務所に勤めるというもの)としての採用だった。

教育事務所での仕事というのは、本当に退屈なものだった。主な仕事は、電話番と様々な各学校・地教委から上がってくる書類の整理(ハンコの確認等)だった。昼休みはよく事務所の人たちと卓球をしたり、夜はまだあった宿直を他の職員の分を替わってしたりした。

夏休みの終わりに近いある日、次長が「ちょっと」と言うので行ってみると、「中学校の音楽の先生と美術の先生の口があるが、二学期からどちらかに行ってくれませんか」というので、迷う事なく「美術の臨時講師」を選んだ。ピアノが弾けないのでとても音楽は無理だとその頃は思ったからだった。もちろん、美術教師というのも自信があったわけではなかった。

二学期から「中学校の美術教師」の仕事が始まった。記念すべき「最初の授業」は「中学三年生の『絵の鑑賞』の授業」だった。

十月に入って、二度目に受けた教員採用試験の結果がわかった。今度は「A」だった。次の年度は、間違いなく四月当初から、しかも本採用というのが内定した。そしてその知らせからまだ間もないときに、「母校緒方中学校での数学の臨時講師」というのが決まった。

十月一六日、私は緒方中学校に着任した。

校長室で校長は私に言った。

「後藤さん、まだ若いんだからぜひ担任をしてください。一年三組。母校でもあるし半年ですが、来年度は本採用というのが決まっているようですからがんばってください」

一年三組、三十八名。私の初めての担任の学級だった。「清春学級」のスタートだった。そして一年三クラスの数学と二年二クラスの理科が受け持ちの授業であった。

「水を得た魚」とその頃の若い私は張り切って仕事をした。何しろ「教育事務所の事務の仕事」自分の性にには合わないとかたくなに思っていた。

緒方中に着任して一ヶ月あまり経った十一月二十五日、私の大学時代の文芸部活動の中での「あこがれの作家」三島由紀夫が東京市ヶ谷の自衛隊東部方面総督府に乱入した上、自決するという事件が発生した。

午後三時過ぎ、職員室で空き時間を過ごしているときに、大分へ出張していた英語の先生が、号外だったか夕刊だったかを掲げて職員室へ「大変じゃあ、三島由紀夫が自決したで」と言いながら入って来た。

その新聞を囲んで先生方の輪ができたが、私はその輪には入らずに、「三島自決」の事実を茫然と受け止めていた。顔面蒼白だったかもしれない。

三島由紀夫は文学者であった。その文学は、当時、唯一世界に通用するものだと私は思っていた。三島文学を本当に愛読していたのだ。彼の右翼的な言動ではなく、文学に対する純粋な精神を文学青年だった私はこの上なく敬愛していた。

三島自決から一週間ほどは、どの学級に行っても、数学や理科の時間に、「三島由紀夫」と「三島文学」について話をした。


担任していた一年三組では班日記を書かせていた。数人の班をまわしながら大体週一ペースぐらいで生徒にいろんなことを書いてもらった。私は返事を書きながら生徒との交流を進めようとした。中には一日で一冊丸ごと班日記を書いた子もいた。

元気でやんちゃな子どももおとなしい子どももいたが、それぞれに若い私を慕ってくれて新卒一年目にして楽しい仕事をすることができた。数学と理科の授業では、学習係の子どもに交代で授業記録を取ってもらったりもした。

あるとき、担任のクラスではない一年生の女性徒がやって来て、

「先生、放課後来てくれませんか」

と言うのでその子の教室へ行くと、数人の女性徒が集まって話し合っていた。

「先生、『好き』ってどういうことですか」

と聞く。

「そうだね。好きって言うのは心がふるえることだよ。好きな人がいると心がふるえる。好きな教科があると心がふるえるんではないかな。人を好きになるって、心がふるえるようになるということだと私は思うけどね……・」

と言うと、皆納得したような顔をした。そんなことも思い出す一コマ。


そしてその年度の三月には母校緒方中を去って、本採用となり大分県玖珠郡玖珠町立八幡小学校に赴任した。

緒方中で教えた生徒たちが、今緒方小PTAの中心になっている。尾形未春さんを始め何人も当時の生徒たちがいて、私の教頭としての仕事を昨年から支えてくれている。私の教師としてのスタートは実に大変に恵まれたものであったと今あらためて振り返ることができる。

今日は二〇〇〇年六月三日土曜日。夜来の大雨がまだ降り続いている。

## 「展開の軸のある授業」 ◆講座54◆

わが緒方小学校の職員図書の本棚にも斎藤喜博の本があった。国土社の『授業の展開』という本である。奥付を見ると一九六四年初版で一九八六年二十五版とあるから、購入したのは一九八六年だと思われる。十四年前というと、私が教諭でここに六年間勤めた頃だから、案外私自身が注文したものかもしれない。

中に一三八ページから次のような記述があって目を引いた。

---

四、展開の軸をもつこと

一般に先生たちの授業をみていると、そういう展開のするどさとか、豊かさとか、振幅の大きさとかおもしろさとかがない。真面目に本道だけを歩いていて、咄嗟の変化わざとか、咄嗟に涌き起こる振幅とかがない。展開が並列的で変化がなく、ただ予定通りにだらだらと、ことなく進んでしまうものが多い。こういう授業だと、教師の持っている世界以外、教師の計画以外には授業が進まないし、新しい発見がない。教室が生き生きとゆれ動いていくこともないし、子どもや他の人を引き込んでいくようなおもしろさもない。

授業がそうなってしまう原因は、一つには教師の人間の幅の問題がある。人間としての貧弱さ、人間としての動きのなさ、固さ、生真面目さが、そういうおもしろくない変化のない授業をしてしまうことになる。(『授業の展開』国土社)
――――

当時から、この「振幅の大きな授業」とか「展開の軸を持った授業」とか私たちはよくサークルの中などで言っていたのだが、今も同じことが言えるのには驚く。いやこれまでのこの講座でも触れたように、今の方がますます斎藤喜博の言葉が大きく響くのであるから何ということかと思う。

前に書いた「個性的な授業」の場合と同じで「マニュアルだより」「法則化弊害」をそのまま背負っている教師が多いということもある。

だから、私は、教頭になって先生方の授業を見て歩くことも多くなったが、教室に一足踏み入れただけで、この「軸のある授業」とか「振幅があるか」ということについては、大体瞬間にわかるようになってきた。一般に「授業がうまい」とか「よく子どもを掌握している」とか言われている人の教室よりも、あまり「評判などはよくない」「自分勝手だ」などと言われている人のほうが「個性的で」「振幅があり」「軸のある授業」をすることが多いから不思議でもある。

その典型の例で、前に書いた埼玉県八潮第二小学校の二年目だかにU先生という大変な評判の悪い(職員仲間の間でだが)人がいた。「自分勝手である」「人に対しては徹底的に批判して妥協しない」などと言われていた人だった。私は、そのときは六年担任で、低学年を担当しているU先生と直接に話すこともなく、そういう「評判」ばかり聞いていた。

しかし、三年目二年担任になって、そのU先生と同学年になって、一緒に学年の仕事や「子どものこと」や「授業のこと」などについて話し合う機会が多くなってみると、U先生は大変に仕事のできる「授業者」であった。その授業も「それこそ振幅のある」「軸のはっきりした」すばらしい授業をする教師であった。

あるとき、算数で一人の子どもが計算間違いをしてしまった。ところがそのことに本人は気づかずにいた。U先生は、机間巡視の中で、その子に気づいて、咄嗟にその間違いを黒板に書かせて、「Aさんはどうに考えてこういう計算をしたのかな。だれかわかる人？」と発問して、計画していた展開を大きく変更して、しかし、その授業のねらいを計画以上にダイナミックに追求する授業をした。こういうことが、「展開の軸のある授業」だとそのとき思った。

教育現場というところは、「評判とか噂」とかは大きく違っている場合が多い。もちろん、子どもとか保護者の評判は当たっている場合も多いので、管理職になってからは特にアンテナを高くしていく必要があると思っているが……。

教師同士は、どうもそういう足を引っ張り合うとか、陰で悪口を言い合っているような陰険なところがある。斎藤喜博もこういうことについては、いろんな場面で「唾棄すべき現実」を言っているが全く同感である。

「農業者だったら、隣の家が一俵でも多く収量を上げたら、何とかしてその方法なりやり方を、盗んででも、自分の家も収量を上げるために全力を上げますね。ところが日本の教師は大体グウタラだから、その隣の家の悪口を言って自分は何一つ努力しようとはしないところがある。……」（全国公開長崎森山東小での講演から）

「展開の軸のある授業」どころではなく、前向きに授業と取り組む基本的な姿勢を全く欠く人たちが、あのころから一般的には多くて、そういう人たちが「評判」とか「噂」の震源になるのだから、「教員間の評判や噂」ほど当てにならないものはないということになるのだと思う。

だから、私は若い人たちにはよく言ってきた。

「職員間のいろんな人間関係などに惑わされずに、教室で授業に集中したほうがいい。また は、子どもたちとまっとうに付き合う時間を多くしたほうがいい。私などは、休み時間はたいていは、外で子どもたちと遊んで過ごした。職員室などで、人間関係の煩わしさとか、人の悪口を聞くのが嫌だからでもあった」と。

そういう意味では、私が教頭になって勤めたどの学校も、そういう職員室、そういう職員間にならないようにこちらも努力したし（それこそ管理職の仕事だからでもあるが）先生たちも、努力もして「明るい民主的な職場」にするべくお互いに力を尽くしてきたつもりである。ちょっとしたお互いの気の使い方、努力でどうにでもなるところもあると言えばある。

今回は、「展開の軸のある授業」ということから、やや脱線してしまったが、教育界の現実のような話になってしまった。次回、もう少し本論の「授業論」にすることをお約束して、今回はこれにて……。

## 詩「春のうた」草野心平の授業（緒方町小富士小2年）◆講座59◆

ホームページジビルダー二〇〇〇がトラブって更新ができなくなっていた。そこでホームページビルダー二〇〇一をインストールしてやっと今日講座59をアップできる。

この間、六月十七日には「ハレルヤコーラスの子ども」の一人の結婚式に招かれて出た。最後の「新郎新婦の万歳」というのを恩師としてやった。しかし、喜びは半分だった。というのもその結婚式に行く前日に「夢光りの子ら」〈子どもが書いた子どものための童話集（大分県緒方町立小富士小学校二年）〉のある子どもが交通事故で急死したという情報が飛び込んでいたからだった。私の息子と同い年のまだ十九歳の若い人の死はまことに痛ましいものであり、言葉を失わせるものだった。

今日、その頃のフロッピーを見ていたら草野心平の「春のうた」の授業記録が出てきた。追悼哀惜を込めてその全文をもって講座59とする。

「春のうた」の授業　（二年）
―音読を重ねて読む―　小富士小　後藤　清春

〈教材〉
ほっ　まぶしいな。
ほっ　うれしいな。
みずは　つるつる。
かぜは　そよそよ。
けるるん　くっく。
ああ　いいにおいだ。
けるるん　くっく。
ほっ　いぬのふぐりがさいている。
ほっ　おおきなくもがうごいてくる。
くっくっく。
けるるん　くっく。

けるるん　くっく。

後で題名を想像させたいと思ったので、題（「春のうた」）と作者名は意図的にプリントしなかった。

この教材は、前に教科書では四年生に出ていたが、二年生にも、この詩の明るさ・リズムを読ませたいということもあって、単元「声をそろえて」の発展教材として取り上げた。授業は六月十二日、月曜日四校時に行った。ＶＴＲは学校主事板井美智子先生が撮ってくれた。

授業をした二年生のクラスは男子八名、女子七名でたいへん明るく元気いっぱいである。しかし、まだまだ表面的な読み声であり読み取りである。この教材では音読を重ねながら今の読む力を少しでも高めたいと思ったが、結果は次のようになった。

（授業の展開の事実）

授業を始めるまでに教材プリントを配ってめいめい音読をするように言う。平仮名ばかりということもあって子ども達はそれぞれ大きな声で読む。

（起立、礼）

Ｔ　読んだ人、手をあげて。（全員挙手。「何か意味がわからんかった」という声も）じゃあね、まず一回だけ、声に出して、先生に聞かせるように読んでみて。

C　（美亜）めちゃくちゃ？
T　声を合わせなくていい。わかった？　豊くん、わかった？
C　（全員、「ほっまぶしいな……」と声を出して一回目めいめい音読）
T　はい。みんな早いねえ。じゃあ、読みたい人？（挙手なし。しかし顔はニコニコしている）じゃあ　豊君。
C　（豊）ほっまぶしいな。ほっうれしいな。
T　ちょっとまってください。今、何かお話をしている。（人がいる）はい。
C　（豊）ほっまぶしいな。（読む）（「いぬのふぐり」読み詰まる。おおきなくもがうごいてくる」を「おおきなくもがうごいている」と読む。「くっくっく」を「くっくくっく」と読む。「くがおいい（多い）」という声）
T　（「いぬのふぐり」「おおきなくもがうごいてくる」を板書し練習させる。また、「くっくっく」も読ませる。「いぬのふぐり」については説明する）こういうところ気を付けてもう一回読みましょう。揃えなくていいですよ。
C　（めいめい音読二回目）
T　じゃあ、美緒ちゃん読んで。立って読んでね。
C　（美緒、読む）
T　うん、うまくなったね。「くっくっく」もう一回みんなで読んで。（「くっくっく」練習）

T　もう一人読んでもらう。男の子もおもしろいんじゃあないかなあ。じゃあ、ひろ君。

C　（洋史、読む）

T　最後の方、難しいね。（「早くなった」の呟き）じゃあ、この詩、裏返して。裏から（透かして）

　見てもいいんですが、もう、覚えるまで読んで。

C　（めいめい音読三回目）（プリント裏返して読む。裏から透かして読もうとする子。見ないで宙で読もうとする子。賑やかに読む。「わからん」の声も）

T　はい。もう覚えた人？　見なくても読める人？（挙手なし）まだかな？　もうその紙見ないで読めるように後二・三回練習して。わからんときは見てもいいよ。

C　（見ないで読む。中に、うつ伏せになって読んだりする子もいる）

T　はい、じゃあ覚えた人？　洋史君だけ？　はい、洋史君挑戦。（拍手をする子がいる）

C　（洋史、暗唱を発表するが、何度か詰まる。教師、他の子どもに教えられながら何とか終わりまでいく）

T　うん、なかなか（難しい）。今、今日もらったばかりだからね。これは今日お家に帰って、覚えるまで読んでね。（「これ題は何？」という声がいくつか出る。音読カードに何と書くか聞いているが、それを遮って）これね、最初に「ほっ　まぶしいな」って言っていますね。

T　まぶしいなとかうれしいなとか言っているのは誰ですか？　想像して。

C　（美亜）蛙。

T　蛙だって。おなじ人？（七人）蛙さんが（数えて）多いね。違う人？

C　（洋史）ふくろう。

T　ふくろうさんって人いる？　……ほかには？　蛙かな、ふくろうかな？　美亜ちゃん、何で蛙と思った？

C　（美亜）ここに「けるるんくっく」っち書いちょっけん。蛙みたいな鳴き声じゃあき。

T　ふくろうっていうのは　どうして。

C　（洋史）あんな、ふくろうは「ほー」っちなくけんな、ここに「ほっ」っち書いちょる。

T　そうか。「ほっ」ちゅうのは、鳴き声だと思ったわけだね。はい、これはね、いつまでもやってもしょうがないから、答えを言いますよ。これはね蛙なんです。（「やったあ」という声が起こる）でもね、ふくろうなんてね、考えた人は偉いね。自分で想像して考えた人は偉いよ。考えるのが勉強なんだから。じゃあ、今度は蛙と思って読んでもらいます。

C　（読む。めいめい音読四回目）

T　はい。じゃあ、鉄平君読んで。蛙のように読んで。（「げろげろげろくゎっくわっくわっ」と歌いだす子も出る）

C　（鉄平読む。「くっくっく」を強く読む）

C　（さやか読む。他の子に「声が小さい」と指摘されて、もう一回読む）

T　ちょっと終わりの方がみんな読み難いんかねえ。もうちょっと読む練習をしよう。はい、立って、三回読んで。済んだら座って。

C　（立って読む。勢いが出てくる）

T　はい、「くも」って空の雲って思う人手をあげて。空の雲かな、虫の蜘蛛かな。（「〈くる〉があやしいなという声）空の雲って思う人？

C　（挙手四人）

T　はい、じゃあ、虫の蜘蛛っていう人。

C　（八人）

T　じゃあ、わけがある人。

C　（豊）あんなあ、浮かんじょる雲じゃったらなあ、「うごいている」っち言うかもしれんけどなあ、「くる」っち書いちょるから、「動いてくる」があやしい。

T　「うごいてくる」と書いてあるからというわけだね。すごいことに気がついたねえ。「くる」くもだから、こらあ、虫の蜘蛛の方がいいと言っているわけだ。ひろ君はどうして？

C　（洋史）あんな、「くもがうごいてくる」っちな、くもが巣を作っちょるなあ、そこをずうっと行っちな、蛙のところに来ているから。

T　じゃあ、空の雲っていう人、わけがある人おらんですか？

C　（美亜）わけはねえ。勘でそう思っただけ。

T　勘っていうのも詩を読むときは大事。わけがあるともっといいんだけどねえ。これは難しいね。わけがある人はえらいんです。だけど。逆に言うと大きい空の雲がこっちへ向かって来ているっていう事もあるわけでしょ。蛙は、初めはさあ、「いぬのふぐり」に目が行って、それから空に目をやったら雲がこっちのほうに来ているって見たのかも知れないんです。これは答えがないね。読む人が空の雲って思うか、虫の蜘蛛って思うか自分で考えて読めばいいんです。じゃあ、最後にこの詩何か足りないものがないかな。(「」がないなどいろいろ言っている)教科書の「せかいじゅうの海が」のように題がないでしょ。

それでね、みんな、この詩に題を付けてください。

今日読んだことを考えて、自分で題を書いて、そのプリントを出してください。

子どもの発表した題

「けるるんくっく」(豊、美緒、悦子、雄二、政利)

「けるるんかえる」(康子)

「かえるのくっく」(美亜)

「かえるくん」(佳奈子)

「かえる」(敏彦、翌佳、秀樹)

「かえるのうた」(洋史)

「ほっほっほっ」（さやか）
「大きなくも」（鉄平）
「かえるだ　げろ」（洋二）

（八九・六・十三・AM二：二〇・VTRより記録化脱稿・記録・授業者本人）

## 跳び箱の指導　◆講座65◆

学校は今、秋の運動会の練習で連日忙しいが、教頭の私は、「来賓」や「来年の一年生」などへの案内状書きという事務が結構多くて終日ワープロに向かっているということになっている。運動会は学校では一番の対外的行事であり、普通の学校では唯一の「公開発表」ということにもなるので、私などが担任時代は、一日に三時間も四時間も練習に充てたりしていたが、今は授業時間の確保ということもあり、全校練習と各学年練習と合わせて一日、大体二時間である。

運動会で思い出すこともいくつかある。埼玉県八潮第二小学校の三年目、二年生と創った「野外舞踏劇『未来へ』」とか、「跳び箱の指導」（国土社刊）にも書いた上緒方小学校の三年生の由紀子さんの跳び箱とか……しかし、今再びの緒方小学校勤務で思い出すのは、何と言っても四年生の女の子の跳び箱のことである。

幼児の頃に藁切り機械で、片方の手を負傷して自由に使えなくなっていた二人の子が直接の私の担任ではなかったが、受け持っている四年生にいた。運動会の種目に「跳び箱運動」があったが、この二人の女の子は、それまで跳び箱運動などしたことがなかったという。着手の手が片方では無理だということと、本人への思いやりということでそれまではさせていなかったという。

私は、内心「そんなことはない、跳び箱は手で跳ぶのではなく、重心の移動とリズムで跳ぶのだから必ずできるし、跳び箱を跳ぶことによってその二人の子どもにも〈跳び箱を跳ぶ快感〉を体験してほしい」と思ったので、初めから特別扱いせずに「跳び箱の指導」を行っていった。

一人の女の子は、最初恐る恐るという感じだったが何度か助走と踏切を練習しているうちに、片手の着手でふわりときれいに跳ぶようになっていった。むしろ、他の「勢いと力で跳ぶ男の子の荒々しい跳び方」よりも「やわらかく安全で美しく」跳ぶのだった。他の子どもたちも彼女の跳び方を見て「うまいね。音がしない。やわらかい」と感動し、自分の跳び方もそういうものに変わっていったりした。

しかし、もう一人の女の子は、なかなか「跳び箱を怖がって」できなかった。片方の手で跳び箱の台について「跳び箱にまたがるよう」に言うのだが、それができなかった。スタートと助走、踏み切り、着手、着地の一連の流れの練習を繰り返したが、運動会本番二日前になっても全然できそうもなかった。

放課後、その子ともう一人の手の悪い子と何人か級友も残って最後の練習を申し出てきたので、私も立ち会った。手が悪くてもできるもう一人の女の子がして見せては、他の子どもたちも踏切のひざを曲げてバネにしてなどと私が日ごろ言っていることを言って練習させたが、踏み切り板には乗るのだが、どうしても使える手を跳び箱の台に着くことができず、まだ跳び箱に馬乗りに乗ることもできなかった。

何度かそういうことを繰り返していたのを見ていた私は、跳び箱の横に立って、助走して走って来るその子を待ち受け、踏み切り板に乗ったその子の腕を取ってひょいと跳び箱に乗せた。全く偶然のように、初めてその子は跳び箱にまたがったのである。「やったね。これができればあとは時間の問題。もう一度……」と促して同じように助走させては、腕をつかんで引っ張り上げるように跳び箱にまたがらせていった。何度も何度もその運動をして、その日はそれだけの練習で終わらせた。

雨で一日延びた運動会本番の日、跳び箱の種目が始まると、観客の中からどよめきと拍手がいちだんと大きく起こった。スタートで大きく深呼吸をし、ゆっくりとスタートしては大きく美しく跳んでいく子どもの演技への感動と驚きの拍手であった。それは、本当に静寂の中で

（何の音もBGMもなく）、蝶のように鳥のように跳ぶ子どもの美しい体での表現だけが浮かび上がっていった。

瞬間、その静寂がいっそう深まり、すべての観衆の目が、早くから跳ぶようになっていた手の悪い女の子のスタートの姿勢に集まった。その視線には、「あの子は大丈夫かな。ちょっと無理ではないか……」という気持ちもいくぶんあったが、（と、後の反省会の席である保護者から聞いた）やや長いスタートの集中の後大きくスタートを切ったその子が、やわらかく踏み切って高く大きく空《くう》を跳び膝を曲げてふわっと舞い下りるように着地すると、いったん息を飲んだ観衆から一際大きな拍手と感動の声がおこった。微笑して静かにマット上を歩いたその子が自分の座る位置まですっと歩いていく姿が本当にきれいだった。

何人か跳んで行った後に再び、緊張といっそうの静寂が広い運動場を包んだ。二日前にやっと跳び箱に馬乗りになったその子は、何だか自信なさげにスタート位置に立った。私は、指令台の前の全体指揮の位置からその子の跳ぶ跳び箱まで走って行って、跳び箱の横に立って、「大丈夫、今日もここへ乗ればいいんだよ」というようにスタート位置でまだ緊張している子に手で跳び箱の台をたたいた。

ゆっくりとスタートしたその子の「体の移動」へ全観客・他の級友・他の全校児童の目が注がれている中、踏み切り板でふわんと踏み切ったその子は、一昨日の練習のように馬乗りになろうとした。とっさに私は「それっ」と小さく声をかけてお尻を軽く押す真似をした。「あっ」

とその子は軽く声を上げたが、前のめりに跳び箱の台に、使える手をぱっとついて、それから、マットの上に体を投げ出すようにポーンと着地した。私も観衆も他の子どもたちも驚いたのだが、何よりも跳び越した（生まれて初めて）その子が吃驚して、しばらくマット上で着地の四つんばいの姿勢を動かさなかった。

私は、マットのところに行って「やったね。すごいね。跳んだんだよ」と言いながら促して立たせた。心もち、目に涙を溜めていたその子が、胸を張ってマットを下り、終わりの深呼吸をゆっくりすると思い出した様に会場いっぱいの拍手が沸き起こった。

すでに演技を終えている子もこれから演技する子も同級の子どもたちは一際強く拍手を送った。

全部の演技が済んで退場して行く七十名の四年生の子どもたちが、入場するときよりも晴れやかに大きくなって胸を張って行進した。二人の子も目を輝かせ退場して行った。

毎年運動会になると何かこういうエピソードの一つや二つは生まれるが、私としては、二度目の母校緒方小勤務、しかもその二年目の運動会前を思い出したので、敢えて起こして講座65とする。

運動会・卒業式・音楽会など「行事の創造」ということは、「斎藤教授学」の「授業」と並ぶ大事な柱である。この講座でも、「行事をどう創り出すか」という視点からの話もまた起こしてみたい。

## 一九九四年「上小参観記」(学生の感想) ◆講座67◆

運動会が済んでやや学校全体も落ち着いて「学習」に集中するようになってきた。学校は来週冒頭のバス遠足そして十一月八日の郡同和教育研究会の発表と次の目標に向かって走り出している。教頭の私もその授業の指導案づくりの指導や様々な事務でまた慌ただしくはなっている。そんな中で今日昔のフロッピーを見ていたら、私が教頭になる二年前の二回目勤務の上緒方小学校での「郡へき地教育研究発表会」に関わって、国語の授業や群読の発表を二日間にわたって、参観に来た大分大学の学生の感想レポートの全文が出てきた。講座67はやや長くなるがその学生の文章を載せたい。若いその大学四年生の目から見た私のかつての仕事を読んでもらって「後藤清春の仕事の事実」の一端を感じ取ってもらいたい。「授業と表現」は斎藤教授学の中心でもあるし、私の今後の学校づくりの中核でもあるからでもある。

「上緒方小学校参観記」

大分大学教育学部教育学科　四年　竹本　陽子

卒論「表現と子どもの可能性を引き出す教育実践」の資料収集のこともあり、また「事実と創造」（一莖書房刊）や「教授学研究」（国土社刊）などで実践を発表され続けておられる後藤清春先生のお話や実践を実際にお伺いするためにこの二日間にわたる「上小参観」は実現した。「大野郡へき地教育研究発表会」ということもあったのであるが、校長先生や先生方、特に、清春先生からは何かとご配慮をいただいて「私の鮮烈の上小体験」が生まれこのレポートもできた。特に、研究会前日の最も忙しいときに「授業」や「群読表現の最後の指導」を参観することができたことが、このレポートが少しでも「事実の創造」にかかわる報告となることができたのではないかと思う（実は、事実の半分も伝えきれないもどかしさでいっぱいなのだが）理由の一つでもある。そういう意味でも、校長先生、清春先生、先生方に改めてお礼を申し上げたいと思います。

本当にありがとうございました。

十一月八日、緒方駅からバスに乗り、初めて上緒方小学校へ行った。山々と稲刈りの終わった田んぼに囲まれており、とてものどかな所に上緒方小学校はあった。すばらしい自然に囲まれ、その中で育ってきた子どもたちは、きっと素朴で明るいのだろうと胸をふくらませた。実際子どもたちは、明るくのびのびと学校生活を送っていた。

〔国語の授業三年「おにたのぼうし」（授業者　後藤清春先生）研究会前日前時〕

まず驚いたことは、読みが非常に上手なことであった。普通は棒読みがちになるのに感情を込めて読んでいた。また、清春先生が「声をもっと響かせて」と指示をするとそれまでやや早口だった子も、ゆっくりと響きいっぱいの声で読んだ。教師の指示を的確に受け入れ、その通りに、すぐに対応するのだった。教師の一言で、子どもが全く変わる。教師の一言の大切さ、子どもの柔軟さを感じた。

授業の中で、清春先生は一人ひとりを大切にされていた。「おにた」の気持ちをどんどん答えられる子、答えられない子がいた。答えられない子に答えを早急に求めたりせず、「考えるだけでいいんだよ」とその子を認め励まされた。子ども一人ひとりを大切にするとか認めてあげることは口で言うのは簡単だが、実際にはとても容易なことではないと思われる。しかし、上小三年の教室では、それが当たり前のこととして日常的に行われてきているから、子どもたちは、生き生きとのびのびと学習しているのだと思った。何の抑圧も感じず、解放されている八人の子どもたちだとも思った。

また、子どもたちが一つのことに対して深く追求をしていることにもおどろかされた。発表をしない子も、他の人の意見をよく聞き、自分はどうなのかと追求する姿をまざまざと見た。真剣な眼差し、考え込む顔が本当にきれいだった。このように授業の子どもの表情がきれいだと感じたのは、初めての経験だった。子どもたちの追求して止まない姿に、いつか自分も参観者であることを忘れて、一緒に考えていた。そのすさまじいまでの追求の渦の中に引き込まれていった。

深く追求したあとの読み声は、授業の初めの読みと全く変わっていた。こんなにも変わるものなのかと驚いてしまった。深く追求し、内容が自分のものになったとき、より高い読みができる。その姿を目の前でまざまざと見せつけられ、感動してしまった。また、読みを聞いていた子どもたちが、「〇〇のところが前と変わってとてもよく気持ちが出ていた」などと口々に言うのだった。何となく聞いていたのでは、違いはわからないと思われた。初めの読みだって、相当にうまかったのだから。だが、この質的な変容は私にも何とか感じ取ることができたが、何より子どもの恐るべき（と言い切ってもいい）集中力と感性の豊かさから来るのだろうと思われた。

授業が終わったあと、私は晴れ晴れとした気持ちになった。きっと、子どもたちと一緒になって追求したから、その授業のカタルシス（浄化作用）を私も感じたからであろう。子どもたちは、私と同じ、いや私以上に晴れ晴れとし、澄み切った美しい顔をしていた。授業を受けて、このような気持ちになれるとは、何と幸せなことだろう。改めて、授業というものの大きさと深さを考えさせられた、想像以上の清春先生の授業「おにたのぼうし」の授業だった。さわやかな衝撃に満たされた四十五分だった。

［「かりがね絶唱」の前日の練習・総練習］

全校児童五十六名と先生方十二名が体育館に勢揃いして、体育館のフロアとステージの階段舞台にいっぱいにひろがって、脚本も書かれた清春先生の指導・指揮で夭折の天才歌人、上緒方出身のアララギ派の歌人「徳田白楊の歌と命」が「かりがね絶唱」として展開されていった。私は、息をのむ思いでそれを見ていた。

一人ひとりの朗読、群読、合唱には、とても迫力があった。目は一点を見つめ、深い集中と緊張があった。「徳田白楊の世界」に入り込み、白楊とともに生きている姿がそこにはあった。それは、子ども一人ひとりが生きている姿でもある。まさに自分を明確に表現している体と声。

私は群読とは、読み声をそろえるものだとばかり思っていた。しかし、高学年の男子が、一人ひとり思い思いに読んだのを聞きはっとした。そろえて読むよりも数倍深みがあった。決してそろわなくてもよいのだ。そろえようとすると、そのことに気を取られ、自分を出すことができず、深みのある群読にはならないということがわかった。

しかし、練習を見ていて、低学年と高学年の違いも目についた。低学年は、曲が流れているとき、リズムに乗って体が揺れていた。しかし学年が上がるにつれて体が止まってやや固くなっているように感じた。脱力とか自分のカラを脱ぐということをいつも野村新先生にも言われるのだが、高学年ほどその困難さが、やはりあるのだろうかと思った。

また、終わりの身体表現は、流れに動きが出てとてもよいと思ったが、やはりまだ「身体表現」そのものに無理がありぎこちなさが目立つと、このときの練習を見た感じでは思った。むしろ「身体表現を入れない方がよいのではないかなあ」とさえ思った。（この考えは、翌日の発表を見て打ち砕かれてしまうが。）

しかし、子どもたちだけで表現するのでなく、教師がみな一緒に表現している姿は、とてもすばらしかった。教師が朗読する姿、歌う姿を見て子どもたちは、ますます自分の力を出す。教師も子どもたちに触発される。お互いに高め合っており、心のコミュニケーションが見えたような気がした。これが上緒方小学校をつくっている背景なのだろう。

［二日目、郡へき地教育研究発表会当日。けん玉朝会］

カチッ、カチッ。子どもたちは真剣に、かつ楽しそうにけん玉をしていた。学年の枠を超えたグループで、技を見せ合いながら練習し、その中にはコミュニケーションが生まれていた。

緊張と集中の中、子どもたちがけん玉の技を披露した。失敗しても何度も挑戦し、自分が納得するまで頑張った。一人になっても頑張る姿には胸を打たれた。人に流されることがないのだ。私にはできないと思う反面、この子どもたちのようになりたいと思った。子どもたちのけん玉をする姿を見て、はっと気づいた。ひざをやわらかくし、リズムに乗っている。余分な力を抜き、集中している。これは、表現するための体作りになるのではないか、自分の体をコントロールする練習になるのではないかと思った。けん玉の教育的要素の多さに驚き、これまでのけん玉に対する見方が変わった。

[研究会当日の国語の授業三年「おにたのぼうし」と五年「雪わたり」]

研究発表会で、多くの先生方が参観しているにもかかわらず三年生の八名の子どもたちは、昨日と同じく、あるいはふだんと変わらないかのように授業に入っていった。参観者がいても動じたところが全くないようすに、自分をもっている子どもたちであることを感じた。また、前日の授業ではあまり発表が活発でなかった子どもも堂々と活発に発表した。研究会という場があの子たちを、高めたのだろうか。こういう、言わば「いざというときに」自分を高めることができる子どもの力に又々驚かされた。

次の時間は、五年生の「雪わたり」の授業を参観させていただいた。三年生と違って、自信がないから意見が言えないという子がいた。先生はそれを察して指名をした。高学年になるにつれて、このような子どもが増える。教師がそれを見逃さず、発表の場を作ってやることが大切だとわかった。五年担任の中城美加先生は、きめ細かにそういう配慮を授業の随所でされていた。

また、だれもが何のこだわりや心配もなくものが自由に言える学級づくりの大切さということも痛感した。

五年生の音読もすばらしかった。人に流されることなく、自分の読みをもっていた。それぞれ自分の中に、しっかりと内容をもった読みであった。深い追求が積み重ねられているからこそ、このような豊かな読みができるのだろう。

［鮮烈！　圧倒的発表！「かりがね絶唱」］

大勢の参観者が見守る中、子どもたちは物怖じせず、堂々と行進し、自分の位置にさっとついた。自分の存在をアピールする行進であった。子どもたちの中に深い集中と緊張があり、前日の練習と比べものにならないほどすばらしい圧倒的な「かりがね絶唱」を作りあげた。特にフィナーレ近い教師と子どもの二重唱では、教師が感情豊かな独唱をすると、子どもも負けじとすばらしい独唱をした。お互いに触発し、高め合っていく姿をはっきりと見ることができた。この高め合いは、他の子どもや教師にも伝わり最後のクライマックスでは、集中と緊張が最高潮に達し、圧倒的な力となって見るものに襲いかかってくるという感じさえした。

全員の声が体育館に響き渡り、その声に飲み込まれそうにさえなった。「一つの世界」が出来上がっていった。何とも言えない気持ちになった。感動という言葉では表し切れない気持ちである。「表現」のすばらしさを改めて感じた。

前日の練習を見て、低学年が階段舞台を下りたり、身体表現を入れるのは、集中と緊張を切断してしまうのではないかと思ったが、本番の発表を見て、深い集中と緊張があれば、そんなことはない、と前日の私の思いは全く打ち砕かれてしまった。最後に身体表現を入れる意味ということを、私は勉強不足、経験不足で全くわかっていなかった。

指導の清春先生が、前日の練習が終わったあと言われていた言葉を改めて思い出していた。

「現場では、いつもその時々の子どもの力を見て、その上を、その上をとやむことなく目指させ続けるのです。まだ身体表現の基礎のない上小の子どもや教師ですが、子どもの群読の表現は、もう群読だけでは頭打ちになっていると見たから、かなり抵抗のある身体表現を敢えて入れたわけです。そして、もっともっと子どもも教師も柔軟になってほしい、解放ということを実感で感じ取ってほしいんですよ。研究会だって、別に『子どもや教師が生きられる場、そのとき大きく育つ場』になればいいのだからね。見世物じゃあないんだから、失敗なんてことはないいんです。今日は、ずいぶんぎこちないけど、明日は、みんなびっくりするぐらいできますよ。練習もね、全部やってしまわないということが大事ですね。ポン、ポンと点を打つように練習して、明日はみんなでつくりだしてって任せる。そうすると、何かをつくりだそうとする緊張は生まれるけれど、間違えないようにという変な緊張はなくなるしね。余り練習なんてしませんでしたよ。ポイントだけでね。子どもというか人間信じられるから、二十年以上も教師やってられるんだ。大体、前の日までに半分できればいいなんて言ってきてるし、周りは相当ハラハラするみたいですけど、平気だもんね。それで、裏切られたことって一回もないんだものね。いい仕事ですよ。」

退場するときも、堂々と前を向いて行進をしていた。一つのことをやり遂げたという顔、まだ余韻に浸っている顔など様々な表情で退場していった。

このようなすばらしい表現ができる子どもたちの力に感動し圧倒された。これだけの力が出せるのは、日頃の授業が一人ひとりを大切にし、豊かな表現力を育むものになっているからであろう。

想像を絶する清春先生の授業、そして「かりがね絶唱」衝撃の二日間は終わった。

しかし、二日間、得るものが数多くあった。子どもたちの持っている力に驚き、自分の勉強不足に恥ずかしくなった。子どもたちの真剣な顔、生き生きとした顔を忘れず、学んだことを、今後卒業論文に生かしていこうと思う。

---

## 資料2　脚本「かりがね絶唱」全文

『かりがね絶唱』（歌人・徳田白楊の歌と人生）

作・構成　後藤清春

一、プロローグ二重唱

［かりがね二］（徳田白楊詞・堀三郎曲・後藤清春編曲）

夕飯を食べつつあればかりがねのたまゆら聞こえ母の恋しき

二、朗読一　（ピアノ大江光曲一「悲しみ第三番」）

ふるさと

ふるさと緒方町

美しい自然と流れる雲と
やわらかであたたかい風につつまれた
わたしたちのふるさとに
徳田白楊
本名森下文夫は生まれた
徳田白楊は生まれた
「天折の天才歌人」とよばれ、
わずか二十一年の命を燃やし尽くした
徳田白楊は私たちの町緒方町徳田に生まれた
今より八十七年前明治四十四年五月二十八日だった
三、朗読二（ピアノ大江光曲二「子どものメヌエット」）
大正三年二歳
子どものなかった緒方村馬場の伯母の家に養子に出されるが
「お母ちゃん……お母ちゃん……」とあまりに泣くので
わずか一年で徳田に帰されたという……
「お母ちゃん……」
「おかあちゃん……」
「お母ちゃん……帰りたいよう……」

四、独唱と二重唱
［子守歌］
五、朗読三（ピアノ大江光曲三「バロックワルツ」）
大正七年
上緒方小学校に入学した白楊は
野山に分け入り
草花を摘み
めじろやもずを追い
明るく勉強に励んだ
しかしそのうち
白楊は
病気で学校を休むことが多くなり
友だちが遊ぶのを遠くから見るようになった
一人で遊ぶことが多くなってしまった
かごめかごめ遊びしころはこの庭に大き桜の木のありたりき
かごめかごめ遊びしころは
この庭に大き桜の木のありたりき
この庭に大き桜の木のありたりき

六、二重唱
［ほたるぶくろ］（斎藤喜博詞・近藤幹雄曲）
ほたるぶくろの咲いていた道
一人で通った狭い道
今でも残っているだろうか
ほたるぶくろはむらさきの花
ほたるを入れて帰った花
いまでも咲いているだろうか
七、朗読四（ピアノ大江光曲四「ザルツブルグ」）
旧制竹田中学今の大分県立竹田高等学校に入学した白楊は
本をたくさん読み
小説を書き
友だちと
同人誌「ポプラ」を発行したりした
短歌もつくりはじめ
石川啄木
正岡子規の歌に習って
ふるさとの自然を歌った

啄木の歌読みてあれば見も知らぬ渋民村の恋しくもなる
朝霧のこめたる庭に立ち居ればけたたましくも鶺鴒の啼く
七つ星知らぬという弟に教えてやらむと前の田に出る
徳田川の清き流れの岸に咲きし水楊の花折りて帰りぬ

新聞に投稿した白楊の歌はアララギ派の最高歌人土屋文明先生に認められ
「天才少年歌人現れる」と新聞に取り上げられるようになった
暮れて行く屋根と屋根との間にし朴の木の花しるけく白し
街道に撒かれし水のかわく間をしばし宿れる夕映えの色
古鈴を打ち振るごとき声立ててかなかな鳴くも峯より谷より
しかし
このころ白楊は次々と病気にかかった
盲腸周囲炎右乾性肋膜炎左湿性肋膜炎
ついには学校を長く休まねばならなくなった
八、朗読五（ピアノ大江光曲「悲しみ二番」）
苦しい病気との闘いのさなか
白楊の病気を心配し
手厚く看病してくれていたお母さんが

お母さんが突然病に倒れ
亡くなってしまった
お母さんが亡くなってしまった
昭和三年
白楊十七歳の十二月十四日のことだった
その二日前
十二月十二日
白楊日記
母の部屋へ帰ってただ眠る母を呼びかけては話した
「お母さん、眠たいですか」
「ああただ眠たいんで」と笑いながら言う
頭をつかんであげる
八時頃卵二つ上がる
刻一刻昏睡状態に落ちて行くばかり
食塩注射のききめあってか脈拍などは前よりもずっと順調になってきた
が
自分は母の最期の意外に近寄ってきたことを知った
泣いた

兄が、「何か言わんかえ」と母に言う
母は黙っている
お姉さんが、そばから「何か言ってあげんな」と催促する
「言うことがないことはないけど」と声を震わして言う
「タビ袋の中に二十円入っている」と言って
「私も〈体も暮らしも病弱の息子白楊のことも〉これほど苦しいことはない」
と言って声を出して泣いた
兄もお姉さんも自分も泣いた
たらちねの母が柩の前に出て焼香をする我と弟
母君の墓の前なる野机のその輪線香のゆれのさびしさ
九、独唱［かりがね二］
わが母の墓辺に一人我立ちてくぬぎ枯葉のはずれ聞きたり
友どちと語る日は早夕暮れて庭木に星の輝きいでぬ
十、朗読（ピアノ大江光曲「なつかしのアダージョ」）
お母さんを亡くした悲しみのどん底の中から
やがて病気も少し良くなり
学校にまた通うようになった白楊は
以前にもまして

たくさんのすぐれた歌を作り
土屋文明先生に選んでもらって新聞や雑誌に発表していった
まるで
「お母さん……お母さん」と呼びかけるかのように
次々と歌をつくり続ける徳田白楊
在りし日の母のときたる言葉わがうつしみにしむ今に至りて
朝霧のこめたる谷の竹山の竹の先垂れてしづけくぞ見ゆ
十一、朗読（ピアノ大江光曲「ソナチネハ長調Ⅰ」）
昭和五年六月
白楊は、しかし
今度は腎臓病にかかり別府中村病院で左の腎臓を切り取る大手術を受け
長い闘病生活に入らなければならなくなった
病の床で
それでも白楊は
「お母さんに呼びかける歌」を作り続けた
「死ぬのはちっとも怖くない」
と言い放ち
明るい澄み切った歌を発表し続けた

一つの木一つの草、虫や鳥、何よりも母の命を恋慕いながら
生きている
「自分の証明」の歌を激しく作り続けた
一度だけ
大分の歌の会で出逢った土屋文明先生へのあこがれと
土屋先生に歌を選んでもらえる「幸福」の歌を歌い続けた
稲葉山夕霧がくり啼くかりを今年も既に幾たびか聞く
友ほしとひたすら思う今宵かな花がめの花も散りてしまいぬ
朴の花宵々見れば色白の人の頬に似てあやに悲しき
耐えかねて息が苦しとさ夜更けに眠れる父を呼びにけるかも
はるかなる我の命を思うとき師に再び逢うは難しも
十二、二重唱「かりがね三」
宵々にかり鳴き渡るこの頃のわがむらぎもの心しづけし
この夕べたまゆら鳴きしかりがねのいづらの方へ渡り行きけむ
十三、朗読（ピアノ曲大江光曲「ソナチネハ長調Ⅱ」）
昭和八年
一月十九日
午後八時

徳田白楊は
天へかけのぼった
二十一才と七ヵ月の短い人生だった
（間）
ふるさとの自然と人に見守られ
「歌うこと」を生き続けた
白楊は
今も
六十五年を隔てた今も
私たちのふるさと緒方の空にいる
ふるさとの空にある
私たちは学ぶ
ふるさとの空に学ぶ
明るい徳田白楊の歌に学ぶ
徳田白楊に学んでふるさとの自然に学んで……
十四、二重唱［空］（斎藤喜博詞・近藤幹雄曲）
広い空　広い河原
光って遠く流れる川

ああ　誰もみえない
広い河原
鴨が飛び
よしきりが鳴き
わたしもいるよと
郭公が鳴く
十五、朗読（ピアノ曲大江光「ヒコーキが落ちないように」）
私たちは歌う
ふるさとの未来に真向かい
徳田白楊の心に学んで
美しいもの
優しいもの
あたたかいもの
澄み切ったもの
より高いものを
求め続け学び続け生き続け……
十六、独唱［かりがね四］

炎天の光まばゆき屋根越しに朴の木の花白く寂しき
十七、エピローグ二重唱［かりがね五］
宵々に南に下るかりの群れなお遠く空を渡り行くらし
（第十回「白楊忌」のために）

## 感動的なお母さんたちの歌ＬＣＡと応援する専門家 ◆講座71◆

斎藤喜博が校長であった群馬県の島小学校には、多くの芸術家、文化人、教育学者、ジャーナリストなど「教師以外の人々」が様々な形で訪れた。斎藤喜博はむしろ教師よりもこういう「教育以外の専門家」の方を歓迎したむきもあった。

もちろん島小に入ったこういう専門家は、どちらかというと共同研究者としてという形のほうが多かったわけだが、今、総合的な学習の時間にかかわっての「外部講師招聘」というのとは本質的に意味の違いがあるが、私もこれまで、こういう専門家の力を借りて共同で「授業づくり」や「行事の創造」ということをめざしてきた面がある。

埼玉から帰ったばかりの上緒方小では、アララギ派の歌人で校区在住の渡邊定秋《やすあき》さんに国語の授業を見てもらっていろいろと指摘してもらったし、大分大学の野村新先生にもこの頃から何かと研究者として私の実践を応援してもらってきた。

小富士小学校では、地元の民謡家の阿南すみさんというおばあちゃんに民謡「よいやな」の指導をしてもらって、このときは触発されて私は「新よいやな」を創作（詞）したりした。

そういう多くの「応援者」の中でも忘れられないのが大野町立東部小でのＰＴＡ指定の公開研究会にかかわってお母さんたちのコーラスの指導に来てもらった人（専門家・研究者）たちである。このホームページにもいくつかその「ＬＣＡ（レディースコールあかね）通信」を入れてあるが、次のようなことであった。

一九九二年度私が勤めていた大野町立東部小学校は、県連Ｐ（大分県ＰＴＡ連合会）指定の公開研究発表会の年を迎えていた。私は親と地域と子どもたちのために群読合唱構成表現「光あふれよふるさとの大地よ」を書き下ろし、親や地域の人や子ども・教師も一緒になって、その総合表現に取り組んだ。

この総合表現の推進役となったのが、ＬＣＡであった。六月呼びかけ募集のチラシを全ＰＴＡ家庭に配るとともに地域の若い女性にも呼びかけて第一回練習会を持ったとき、正直言って二十名も集まるだろうかと思っていた。勤めに出たり、農家のお嫁さんたちである。いかにＰＴＡの呼びかけとはいえ、仕事の終わったあとの夜間に「合唱のための会」などに来る人がそんなにいるとは思えなかった。まして流行歌かカラオケなら歌ったことはあってもクラシックに近い合唱曲など全く「学校」以来のこと、しかも「唱歌は校門を出ず」である。

六月半ばのもう田んぼの蛙が鳴き出したある月曜日の夜八時、三々五々集まって来てみて驚いた。総数三十六名もの人数であった。伴奏者もＰＴＡの会員ではなく、集まった中にもまだ学校に子どもを出していない人などもいた。私は、ＰＴＡ会長や校長のあいさつのあとに言った。

「もちろん秋のＰＴＡ研のための歌の練習ではありますが、ただの練習の会ではなく一回一回を存分に歌い、楽しみましょう。そのために発表ではやらない歌などもたくさん入れて、『夕ご飯』のような歌になるように私も楽しみますし、みなさんも楽しんでください。そして私の手に負えないぐらいみなさんの歌の楽しみが上がってきたら、専門の先生もよんでやります」と。

そして毎週月曜日の夜八時から十時頃までの練習会が十一月の発表まで続いたが、意外と早くその専門の先生を招ばなければ頭打ちということになって最初によんだのが、大分の県民オペラのソプラノ歌手梅津百合子さんであった。梅津さんは発声指導と発表の中で歌う歌を次々と指導してくれた。一時間の予定が三時間近くに及ぶ熱のこもったものであり、お母さんたちの歌声は飛躍的に高くなった。

喉の穴を開いて声を体から放し、飛ばすという指導であったが、本当に感動的な時間となった。お母さんたちの表情や目付きが、まるで「よい授業」を受けている子どものように美しくなっていくのを私もほれぼれして見ていた。

その後を受けて、私の方は身体表現を入れた練習会を重ねていったし、歌はまた大きく生き生きとしたものに変わっていった。不思議なことに胃腸の弱かった人がよくなったり、「美味しい食事」のような歌の会が毎回楽しく続いた。私も少し冷やかすように「奇跡のLCA」などと言ったりした。

また夏休みには国立音大の学生で声楽専攻の渡辺弘樹さんもよんだりした。彼は実は私の従兄弟の息子であったので、LCAの人たちに今世界の最先端の発声法とか歌い方とかも入れておきたいと思ったからだった。夏休みを利用して三度来てくれたが、最後にイタリア歌曲を彼は歌ってくれた。お母さんたちも真近で聞く本格的な歌唱を堪能した。その後、彼は、大学を首席で卒業してイタリアの音楽大に留学し、現在イタリアのフィレンツェの国立オペラ劇場の日本人唯一のオペラ歌手として活躍するまでになっている。

そして最後に身体表現と歌との融合、総合的な発表のために来ていただいたのが、野村新先生と大分教授学研究の会の人たちであった。

このときは大飛躍を為し遂げた練習会となった。教授学研究の会の先生たちの身体表現は圧倒的であったが、お母さんたちも決して臆することなくパートグループに分かれて見事な歌と表現を創り出したりした。

歌を躍動させるために身体表現も敢えて入れたのだが、そのことはお母さんたちの底力を出させるためには大変な効果があった。私はこのときのことを、「事実と創造」誌（NO．147 P．43～P．49）にも書いたのだが、その中でお母さんたちの中の一人が言った次のような言葉を引いたりした。

「どんなに苦しいときでも、私たち農家には太陽の光と汗と家族からの愛と家族への愛がいつもそばにあるんです。学校が、私たちのように、いつも先生たちの愛に包まれて、子どもたちが明るく輝くような仕事をし続けてくれるのだと確信しLCAの歌を歌い続けて持つことができました」と。

大分大学の野村新先生は、公開発表の本番当日も来てくださって（本当に一参観者として）自分の大学での講義に遅刻してまでほぼ全部を見てくれたという話を、後に一緒に来ていたという学生から聞いたりもした。

こうしてこの指定研の発表は参観の六〇〇名の人々に大きな感動を与え（後にまとめられたアンケートや話ではだが）たと同時にこの発表を行った東部小の児童・教師・PTA会員（もちろんLCAも）自身が感動し、自分を高めることができた。

しばらく経ってLCAの「反省会・慰労会」が町の料亭で開かれた。そのとき私は思いもかけないお母さんたち代表のあいさつを聞いた。

「LCAの生みの親であり、育ての親である清春先生には言葉に尽くせないお世話になりました。何もわからない私たちに歌の楽しさや身体表現のおもしろさ、いやそれよりも人間として大切な悲しみ喜び楽しみ苦しみの感情を素直に表現することの心地よさを身をもって体ごと教えてくれました。本当にありがとうございました。毎回の練習がとても充実し楽しかったです。……そして、今ＬＣＡみんなの気持ちを言うと、私たちは、いや私たちも『清春学級の子ども』になったのだというううれしさでいっぱいです。……」

そこまで言うとそのお母さんは声を詰まらせてもうあとは言葉にならなかった。

私も深く感動してそのあいさつを聞いていたのだが、「清春学級の子どもになった」というのを聞いてつられて泣きそうになってしまった。そしてＬＣＡのみんなも同じ気持ちだということを皆あとで私に言うのだった。

私はあいさつに立って次のような話をした。

「ＬＣＡを続けてほしいという声もたくさん聞きますが、もういいと思います。毎回の練習の中で皆さんがどんどん楽しんで美しくなって研ぎすまされていくのが怖いぐらいでした。発表のときのみんなの顔は生涯忘れませんよ。美しい農民の顔。わたしも農民の子ですが、テレビや雑誌に出てくる人工的な作られた虚飾の美人ではなく、大地と自然の中でまじめに生きている人間の本物の美人の美しさをずっと見せてもらいました。私の方がこの半年教えてもらったのです。私も楽しかったのです。ＬＣＡは解散してもみなさん一人ひとりの心の中に深く強くＬＣＡの楽しさと美しさと優しさが残ります。それでいいのです。物事はだらだらと続ければいいというものではありません。すぱっと切ることによってＬＣＡの本質があざやかに残るということがあります。都会の学校のママさんコーラスなどとはわけが違う、そんなもんではない、ものすごい人たちだった、歌だった、ということをいつまでも語り草にして、またそれぞれの仕事を、農業をがんばっていってください。……」

話しながらまた私も泣きそうになった。だが、続けて言った。

「私たち教師はお母さんたちの歌と姿を心に強く焼きつけてまた子どもたちと授業を進めます。人間の可能性をいっぱいに引き出し交流し合うそんな学級・学校をめざして……」

斎藤喜博も言ったが、「学校が専門家の下請けをするのではなく、専門家が学校の仕事を応援する、そういう関係になるように学校が主体性をもっていく」ということを私は教頭職の今こそ実行しなければならないと思う。LCA成長の陰には、そういう学校の主体性、時の校長、教頭の大きな心、何よりも直接の指導者担当者である私自身の徹底した「斎藤教授学の思想」が大きく作用したと今自信を持って振り返ることができる。

## 資料3　群読と合唱による構成表現「光あふれよふるさとの大地よ」

### 解説と後書きにかえて

東部小学校PTA研修部顧問　後藤清春

〔表題「光りあふれよ　ふるさとの大地よ」にこめたもの〕

「光り　あふれよ　ふるさとの大地よ」という表題には、いくつかの意味合いがある。一つは、大らかな明るいわがふるさと東部地区の純真な心の発露としての意味である。決して悲壮なものではないという意味合いである。

現代の物・金・経済第一主義のこの国の中で、ふるさとも又その考え方に毒され、田舎の人間の純朴さや明るさが失われ、言わば「こすっ辛い」「せちがらい」世の中になろうとしている日本で、まるで、俗謡を歌うように「光り　あふれよ　ふるさとの大地よ」と声に出してカラッとしているという底抜けの民衆の明るさ故のリフレインとしての意味合いである。この群読の芯を貫いているものこそ、その民衆の時代を超えた、ある意味のユーモアであり明朗さであり強靭さである。

現実は、確かに権力や政治の思惑と策動によって、ふるさと崩壊の方向へ進んでいる感がある。特に大野東部地区の基幹産業である農業に対する圧迫は、想像を絶し、ともすれば、農業者の口から絶望が語られることもある。「子どもは勉強をして、学力をつけ、よい学校へ進み、よい仕事につけるようにしたい」という叫びが私たち学校に寄せられることも多い。

しかし、東部の農業者は、その口の下から、「農業者の誇りと農に生きる自信」を語ることも忘れないのである。絶望を言いながら希望を語るその大らかさとか強さとかこそが、「光り　あふれよ　ふるさとの大地よ」に込めたテーマであり、実は、閉塞しつつあるこの国の未来を開く唯一の風穴なのではないかと思うのである。

もちろん、「光りあふれよ　ふるさとの大地よ」には、文字通り、ふるさと再生に込める祈りとか願い、あるいはふるさと防衛の闘いに立ち上がれという大真面目な意味合いもある。そして、ふるさと破壊をある意味で、権力の末端として推進してきた私たち学校に働くものの強い自己批判もある。「ふるさと創生」とか「地方の時代」とか言葉では、言いながらシステムとして、農業を弾圧し、地方自治をないがしろにしてきた権力への激しいまでの怒りがある。この群読の一言一句にこめられたふるさとの民衆の叫びが、言霊となり呪咀となり、この国の変革に向かうことまで視野に入れてあるのである。

ＰＴＡ運動とは、Ｐが先に立ち、Ｔが連帯してついて行き、「未来に生きる子どもたち」を人間らしい明るい豊かな社会に導くことである、という筆者の思い入れもある群読なのである。二十一世紀目前の今こそ、「光り　あふれよ　ふるさとの大地よ」と言いたいのである。

〔「光りあふれよ　ふるさとの大地よ」の構成と内容について〕

ＰＴＡ会員、全校児童、地区あげてこの群読を読み上げ、歌い上げるという当初の構想と、「井田筋一揆」を主軸に東部地区民衆の過去・現在・未来を折りこんだ「ふるさと大讃歌」にするという内容をどう組み立てていくかということに筆者は腐心したつもりである。

中世能楽の脚本家、世阿弥の「風姿花伝」から、「序、破、急」の三部構成とし、群読をリードしあるいは盛り上げ、又深める推進役として、ＬＣＡ（レディースコールあかね）をＰＴＡのお母さん達を中心に結成し五曲の合唱を歌ってもらうことにした。

序の章では、子ども、親、地区の人により現在の東部が語られ歌われる。そして、校区内の民話・伝説として、「かっぱ伝説」と「するすみ伝説」が地区の有志の方によって語られるのが目玉でもある。

民話や伝説は、ふるさとの文化の最たるものであり、民衆の無形の誇りでもある。日本じゅう、どこの地区にもそれぞれの民話や伝説が語り継がれているに違いないが、語り伝えこそ、ふるさとを未来につなぐもっとも原初的（プリミティブ）で有効な方法なのである。この語りは、まず「かっぱ伝説」は一人語りとし、「するすみ伝説」は二人で掛け合いでやってもらい、単調にならないように配慮したつもりである。

破の章は、この群読の中心を成すもので全校児童により「井田筋一揆」の顚末をドラマティックに群読する。「やむにやまれぬ百姓達が、命をかけてふるさと防衛の闘いを戦い、勝った」歴史上の事実を子ども達が群読する。もちろん、歴史学習としては、六年生になるまでは、学習内容にないものであり、低学年の子どもたちにはかなり内容的に理解困難なところもあるが、一つの地域学習として、学年段階に応じた内容指導を重ね、百姓達の心を表現させる。

又この群読では、「一揆が勝利した」ところで終わっているが、実は井田筋一揆は、この後、あまり時をおかず（一回目が一八一一年十二月、二回目は、一八一二年二月）、二回目が戦われ、結局藩権力によって弾圧されてしまうのである。その部分の学習については、六年生の歴史学習に待つことにし、「勝敗」はともかく、命がけで藩権力に立ち向かった井田筋の百姓の心を子ども達に群読させることによって伝えることがねらいでもある。幕末の民衆の悲惨は、今では想像もつかないものであり、「逃散」という方法でなく、もっとも見通しのない「一揆」に打って出た私たちの先祖の「死んで生きる」「生きて死ぬ」という思想を子ども達が、どれほどつかめるか不安もあるが、この群読の死命を決するところであり、会話を多くし、方言で劇的に表現する中で子どもなりにその心をつかみ取らせたい。

急の章は、子どもも親も地区もあげて、「未来に生きる」心を明るく希望をもって語る。現実は、子どもも親も地区も様々な苦難と絶望を抱えているのかも知れない。しかし、その絶望を退けて、ふるさとの過去に学び、ふるさとの今を創り、ふるさとの未来を生きる決意が高らかに歌われ群読される。校長の学校としての自省と民衆としての連帯の決意と、ＰＴＡ会長の絶望・卑屈の中からの決意の表明こそ、その「光りあふれよ　ふるさとの大地よ」のリフレインこそが、この群読の命である。

序と破をつなぐ、「語り伝え」をしていただく地区の三名の有志の方、そして、破と急をつなぐ羽熊と獅子舞の方々の役割も、ＬＣＡとならんで、この群読構成に血を通わせる重要なものとなる。民俗芸能としての羽熊や獅子舞の継承は、今はどこのふるさとでも大変なときであるが、それこそ民衆の喜びと抵抗精神のあらわれとして雄々しく、しかも粛々と舞い踊ってもらえるはずである。

〔合唱曲にこめたもの〕

群読の脚本の執筆に当たっては、筆書としてその創作の内幕をあかすと、まず初めに歌があったということである。「ふるさとの歌」「白い雲」「広場」「空」「美しい世の中を」の五曲をどう構成するか、そして、それらの歌と後ろとをどうつないでいくかということが「腐心」の具体的な中身であったわけである。

合唱を中心的に歌い、群読を進めるＬＣＡ（レディースコールあかね）については、詳細は、「ＬＣＡ通信」の紹介のページに譲ることにして、合唱曲について取り上げた意図なりを説明しておきたい。

この群読が「ふるさと大讃歌」であり、「ふるさと再生」であるということは、前にも述べたが、そうであるだけに、歌われる歌も、俗っぽい「ふるさと礼讃」や「ふるさとエレジー」「ふるさとセンチメンタル」ではならなかったということもある。しかし、それ以上に、これら五曲の取り上げた歌は、「質の高い」「レベルも高い」「前向きで真っ直ぐで希望に満ちてぐんぐん進む」言葉と曲の作りであることが大きい。

叙情詩ではなく、叙事詩である言葉と、終わりの音が高く次に向かう、決して落ち着いて安定してしまわない音譜の構成は、「光りあふれよ……」に相応しいものである。

さらに、群馬県島小学校で地域ぐるみの学校づくりを創造した斎藤喜博やその思想を同じくする人の手になるものばかりであるということもある。「ふるさとの歌」は、斎藤が校長をしていた島小学校のためにつくられたのであり、「空」は、晩年の斎藤の言葉に都留文科大学の近藤幹雄教授が曲をつけたものである。また、「美しい世の中を」は、斎藤最後のオペレッタ「子どもの世界だ」の中の独唱曲であり、千葉経済短大の梶山正人教授の手になる。全校児童が歌う「子どもの世界だ」は、もちろん、このオペレッタのテーマ曲である。

また、「白い雲」は、筆者が埼玉に県外派遣で勤務したときの友人でもある小松田克彦の詩に梶山正人が最近曲をつけたものであり、「広場」は、兵庫県赤穂市の教育長で斎藤に私淑していた木山正規が、赤穂幼稚園PTAのために書いた詩に梶山正人が曲をつけたものである。

斎藤は、「子どもの無限の可能性を開き育て、具体的に形にして子ども自身や親達の前に出すこと」を実践し続けたのである。そして、「政治を超える授業」を求め続けたのである。その最後のオペレッタの中の「美しい世の中を　正しい世の中を　みんなが楽しむ世の中を」に斎藤の実践と願いは凝縮されており、今の大人の責任として、親も教師も「絶望」などという甘いふにゃけた地点に留まる事なく、それこそ、「井田筋一揆の百姓達」のように「地に這いつくばっても」、「顔のひん曲がる思いをしてでも」、子どもとこのふるさとに生き、子どもに未来を手渡して行かねばならないのだ。群読のなかの歌には、そういう具体的な願いが込められているのである。

〔後書きにかえて〕

いずれにしても、この群読脚本は、細部にわたって職員研修やPTA研修部やPTA役員会で検討され、都合3回書き変えられたが、先に述べたような骨格については、変わることはなかった。「ふるさと防衛」「ふるさと再生」という基本的な考えが、県連P指定研究のテーマである「ふるさとに誇りと愛着を持つ子どもの育成」ともあいまって、PTA会員や職員に強く意識されていたためでもあるし、金融資本を中心とした日本資本主義の行き詰まり（バブル経済の崩壊）とふるさとの危機的な状況を何とかしたいという意識下の願いがあってのことだと思う。

群読を受け持ったPTA研修部の皆さん、そして毎週月曜日夜、仕事を終えた後集《つど》って熱心に練習し続けたLCAの皆さん、民話の語りをしてくれた3名の地区の有志の方、また、羽熊・獅子舞で「群読」に強いアクセントとインパクトを付与してくれたそれぞれの地域の方、何より、未来そのものの顔と声で群読に取り組んだ全校の子どもたち・先生方、群読「光りあふれよ　ふるさとの大地よ」に出演したすべての人達に感謝と連帯の心を捧げたい。

そして、特にLCAの練習・発表に関わって、伴奏をしていただいた後藤美紀先生、伴奏や指導をしていただいた森本春美先生、練習を手伝ってくれた羽田野香代先生、さらに、「県連P指定研」のお蔭で、思いも寄らず御指導をいただいた県民オペラの梅津百合子先生、国立音楽大の渡辺弘樹さんには、心からお礼を申し上げたい。「ボランティア」であるにもかかわらず熱心に生まれたばかりのLCAを導き、支えていただいた。ふるさとに「ホンモノ」の合唱団のうぶ声をという夢は、先生方のお蔭で正に現実のものとなったのである。

最後に、この群読脚本の参考とさせていただいた資料名・お話しを聞かせていただいた方の御芳名を記して後書きとしたい。（1992・7・26）

**資料**「大分県大野町史」

「科学的社会認識をどう深めるか」（阿南哲幸　収集資料）

「するすみ伝説」（大分女子高校　佐藤満洋）

「大分の昔話」（大分県小国研編・日本標準）

「大野町町政要覧」1991年版

お話を聞かせていただいた方

佐田　守（上園）　安藤廣喜（牧原東）　後藤　明（牧原東）　武藤傅吉（菅田）　中津照政（三ツ木）

## 群馬県の高校教師への手紙（返信）　◆講座72◆

十月二十日の土曜日に、全く面識もない人だが、群馬県のある県立高等学校に勤めているという若い先生からお手紙と資料などをいただいた。前にこの講座でも触れた群馬の「上州風」という季刊誌の「島小特集」の中で、私のこの講座が紹介されたということを書いたが、その記事を見て手紙やらその勤務される高等学校のことなどの資料を送ってくれたというわけである。

その先生への返事の全文をもって、講座72に替えたい。群馬県における斎藤喜博の評価とかもわかるだろうし、そういう中でまだ若い（四十歳という）その高校教師もまた斎藤喜博になにがしか学ぼうとしている理由とかが見えてくるだろう。またそういうことについての私の考え方も当然この返事には入ると思われるから、十分「斎藤教授学講座」の内容を備えるものになるからである。

---

前略。

お手紙、そしてごていねいな「資料」をお送りいただきありがとうございました。

先生の「斎藤喜博についてのちょっとした思い」を読ませていただき、斎藤喜博がその著書の中で事あるごとに書かれた群馬県教育界の一端を見るような気がして、あらためてあの時代の（今も変わらないかもしれませんが）空気がわかるような気がした次第です。

先生が担当した「群馬県史編纂事業」の中で、何としても「近代史、戦後学校教育編に斎藤喜博の実践」を入れたいと思ったこと、「歴史の事実」として、どうしても「斎藤喜博の教育実践＝島小・境小の学校づくり」を残しておきたいという強い願いが本当によくわかります。しかも、群馬県教育委員会を筆頭とする群馬県の教育界の大勢が斎藤喜博とは相容れないものだったということもよくわかります。

斎藤喜博の実践は、本質的には「政治を超える授業」と言ったところにあるという気がこの頃とても強くします。この言葉は、実は当時の「島小の実践」に対して進歩的と言われていた民間教育団体や左翼の教育学者などから「島小は二十坪教室派」であり、「政治を変える力も何もない」という批判に対して斎藤喜博が敢えて言った言葉だと思います。

「教室で子どもたちの事実と格闘し、その中で子どもの事実を創り出し、学校の中で人間と人間の生き方を交流し合うことによってしか、政治や体制の矛盾や汚さを相対化していくことはできないのだ。そういう授業によって、ふとう不屈の『反人民的な政治に負けない自立した人間』となってゆくことが大切なのであって、『授業』は、ほどほどで、外に出て、組合の幹部になったり、政治運動の旗手になって勇ましいことを言っていてもそんなのはたかが知れている、権力にとっては少しも怖くも何ともないものである。」という趣旨の激しい言葉も斎藤喜博の著書の中にはいくらも読むことができます。

　しかも重要だと思われることは今度の季刊誌「上州風」（群馬県上毛新聞）の特集の中で、かつての「島小の子どもたち」が言ったという「島小はとっても楽しかった思い出が多い。勉強、勉強ということもなくゆったりしておもしろかった」ということです。

　私などが、「今こそ斎藤教授学による学校の再生を」というのも、この昔の「島小の子ども」の言葉を今の子どもたちにも味わわせたいからに他なりません。

　その子どもたちの「本当に豊かなゆったりした学校での子どもの生活」を事実として創るためにある意味では、「斎藤喜博が独裁者になって先生たちに厳しく実践を求めた」ということもあったかもしれませんね。その斎藤喜博の「学校づくり」について行けず去って行った人もいたかもしれませんね。それは、一つの実践を今のような世の中で進める場合にはやむを得ないことではなかったかと私などは思うのです。当時の「封建性の残る」「保守反動」と「かけ声だけのえせ進歩的教育実践者」の多かった（実は今もそうだと思いますが）群馬県、いや日本の教育界の中で本当の仕事をしようとすれば必ずそうなると思うのです。

　先生のおっしゃる、「斎藤は群馬県の現代史において高く評価すべきであると考えていましたので、このたび『上州風』が、斎藤喜博を取り上げていることに、東西冷戦構造が崩壊し、ようやく歴史を歴史として、地方でも評価できるようになったのかと、私なりの感慨をもちました。」というのは、私から言うと、先生のお気持ちはよくわかりますが、やや大げさかもしれませんね。東西冷戦構造の崩壊などというところと関連させるとすると、（全然関係ないとは言いませんが）斎藤喜博は草葉の蔭で笑っているかもしれませんね。「それほどではないがね」なんて。

しかし、先生が書かれたように「教育改革は制度改革」ではなく、「授業の創造と改造」にあるというのは全く私と同じですね。今、文部科学省などが言っている「総合的な学習」も「島小の授業」のところまで進むと、「根本的な日本の教育の改革」につながるのだと思います。

そのために先生が、勤務している高等学校で成城学園創始者の沢柳政太郎に学んで改革を進められているということに深く感動します。しかも後期中等教育の重要性が叫ばれている今、具体的に「総合学科」という取り組みの中で「自由・個性・連帯」をつくりだそうとしているのですから、この成果が「子どもたち」の上に十分に現れ、「島小の子ども」のような感想が、何年かして成人した後に出てくることを期待せずにおれません。

高等学校でもこのような改革があちこちでされているのですが、（因みに私の娘が講師で勤める高等学校にも「総合学科」があるという）先生の言われる通り「内容の改革」になるようにふだんの授業実践をがんばっていってください。授業の様子などもまたお知らせくだされればありがたいです。

# 教頭の授業1　音楽（三年生）◆講座75◆

先生方が年休だったり、出張などでいないときは、教頭の私は「代教」と言って子どもの自習の監督をしたり、ときに授業をしたりすることもある。私はたいてい今時分になると「徳田白楊賞短歌コンクール」への参加もあって、国語の時間を一時間～二時間もらって「短歌創作の授業」をするし、あと「音楽」「体育」など何の教科でも頼まれて一時間飛び込みで授業をすることもある。

本当はこういう代教という形でなく、一時間か二時間日課表にも入れて（週十時間ぐらい）授業をきちんとしたいし、毎年分会の方からもそういう要望も出るのだが、結局は話し合いの末に、「教頭は代教をやってほしい」という形で落ち着いてしまってきている。

そういうことであるという前提でだが、今回から「教頭の授業」ということで、しばらく講座を進めていきたい。第一回目のこの講座75では、「音楽の授業」について報告したい。

以前にこの講座の中でも触れたように、音楽の授業を自分でするようになって久しいが、「島小・境小の音楽」というのが、憧れのように高くあって、それを遠い視界に置きながらも「子どもが歌うことで自己の総体をかけ解放されていく」ということをめざしてきたのが私の「音楽の授業」ではあった。そういう中で、全国各地の「斎藤教授学による公開や学校づくり・授業づくり」の中で取り上げられた「教材」を私の中にいくつもため込んでいき、その時々の子どもの姿や願いに合わせて「教材」を選び授業をやってきた。

教頭になってからは、大体一時間扱いになるので「斉唱」で「子どもの歌う心がいっぱいに噴出するような教材」を取り上げることが多い。北小では、一緒に「大田小」の公開を見た大戸由美先生が学級の子どもや全校の子どもに教えた「僕の飛行機」や「少年の日は今」などの合唱曲も取り上げたが、これらはほとんど大戸先生が指導され、教頭の私は「ちょこっと手を入れる」軽い「介入授業」であった。

先日三年生（二十四名）の音楽の授業をする機会があった。「短歌創作」の国語の授業も続けてするということで、二曲模造紙に歌の言葉を書いて持って行ったが、早目に音楽は終わらせるつもりであった。（「さあ　楽しもう」というドイツの歌曲と「風と川と子どもの歌」の中の「川の合唱」の二曲）

縦書きに歌詞を書いた（「さあ　楽しもう」はピンク、「川の合唱」はブルー）模造紙の裏に磁石片を貼って教室へ向かった。楽譜の入った歌集も持って教室に入ると子どもたちが「教頭先生、早く教えて」とせがむ。

まず、「さあ楽しもう」を黒板に貼りつけて、

「この歌はドイツの学生の歌なんですが一度オルガンで弾いて歌ってみるよ」

と言って、歌った。ところがこの短い、しかしちょっと大人びた旋律を歌っているとその途

中から子どもたちが歌い出した。しかも、その歌声はあっという間に学級全員二四名の声になっていった。

「すごいねえ。もう覚えちゃったね。ゆれるように、波のようにうんと元気になって歌うといいねえ」と言うと「はい」と元気よく返事をして「ものすごい迫力」で歌い出した。

さあ　楽しもう
ドイツの学生の歌
林　光　訳

さあ　楽しもうぼくらの春を
元気に歌おう　青春の歌を
やがて夏が来て
冬がすぎ去れば
母なる大地へと
ぼくらは帰るのだ

この間十五分だった。もう一つの「川の合唱」の方は取り上げず、

「『さあ　楽しもう』を楽しもうかねえ。じゃあ、一人で歌ってみる人はいない？」

と言うと全員が手を挙げる。そして次々に歌っていく。満足した顔で歌い友達の歌い終わるのへ拍手を送る。

終わりにまた全員で歌うと歌はもうあふれる歌になって教室から外へと出て行くというおもむきにさえなった。

子どもたちが担任の先生と本当に毎日の授業を楽しんでいるからこういう子どもや授業が生まれる。いきなり来た「教頭先生」をすんなり自然に受け容れて、それどころか私の予想をはるかに超えて「歌いひたって満足する顔」を出してくる。担任とふだんの国語や算数や体育などの授業をきちんと理解し楽しんでいるからできることである。代教で入った私まで心が美しくなったように思えて気持ちよくなった。

「実はもう一つ用意してきたんだけど……今日はこれ一曲にします。こっちの（と言いながらもう一枚の模造紙を広げて）『川の合唱』は今度来たときにね」と言って音楽の授業は終わらせた。（「講座76」へ続く）

## 教頭の授業2　音楽（四年生）　◆講座*76*◆

それから二、三日たって今度は四年生の音楽の授業の代教を頼まれた。

四年生は、リコーダーの練習と歌ということで担任から頼まれていたので特に持ち込みの教材は用意しないで教室に行った。

グループごとペアごとにリコーダーのデュエットの練習をしている子どもたちが次々に私のところに来て、

「教頭先生、聞いてください」

と来るのを聞いて、

「うまいねえ。合格です」

と言うとそれぞれ自分の席に戻って次の新しい曲のリコーダーの練習をする。

三十三名の全員が合格したので、

「じゃあこの次の新しい曲もたて笛でやってみるかな」と言って、前奏を弾いていくと、さっと全員で演奏した。

「すごいねえ。練習、あまりしてないのにもうできちゃった。みんな天才だなあ」

と感動して言ったら、

「教頭先生それより歌を教えて」と口々に言う。

とっさに係の子どもに言って三年生の教室まで行って「川の合唱」の模造紙を借りて来てもらった。

黒板に貼って、私が伴奏しながら歌っていくと、高い音が続くこの歌をやはり三年生と同じように途中から歌ってくる。三拍子のリズムに体をゆっくり動かしながらだんだん顔が紅潮し、よく張った通る声で歌う。四年生には町の児童合唱団に入っている子どもも二名ほどいるが、あとの子どもは歌が好きな普通の四年生である。

川の合唱　　木村次郎詞／丸山亜季曲

一．ながれろながれろ　おおらかに
うずめてながれろ岸と岸
雪をたっぷり　飲みこんだ
あふれろ　あふれろ　どうどうと
二．かなしみくるしみ　人の世の
うずまく歴史を　おしながす
ふかいふかい川床だ
力をうちに　洋々と
三．大きな岩だ　思いきり
体をぶっつけ　しぶきあげ
ざあんぶざあんぶ　笑いだせ
静かに大きく　浪々と

ゆったりと、しかし本当に川の流れのようにめりはりがあってどんどん音も高くなり、「ちょっと息が苦しくなる」歌だが、子どもの声は澄み切ってダイナミックになっていく。特に最後の「あふれろあふれろ　どうどうと」の高い音の連続が歌うたびに厚く強くなっていった。「息をねえ、おなかの底まで一度入れてね、それからたっぷり歌う感じ。高いところの音はね、飛びついて一緒におりてふわっとした感じで歌うとだいぶ楽になる」「この川は上流か中流か下流かねえ」「V（息継ぎ）のところおなかを広げて口からも鼻からも体全体で息を吸ってね」などと言葉をかけながら歌っていく。

私の指導の特色は自分でもここにあると思っている。以前に受け持ちの四年生が「ハレルヤコーラス」（三部合唱）を歌ったときも絶えず歌っている合間合間に指導言を出していってている。歌い終わってから、「ここところはこうやって」などという指導は少ない。

このときの四年生も全く見事にその初見の曲をさっと覚えたばかりでなく、歌いながらの私の指導言・働きかけを受け止めて歌を歌い上げていった。三年生と同じように担任の先生が本当に子どもを可愛がり、子どもたちも学校生活を楽しんでいるという根本のところができているからできることである。

授業が終わったとき、何人かの子どもがやって来て、

「教頭先生、その楽譜をコピーしてくれないか」と言う。そしてその子どもたちは学級全員

の子どもたちに、

「『川の合唱』の楽譜がいる人は手を挙げて」と訊く。

子どもの解放された明るさとか積極さとか本当に素敵な子どもたちだと思い、私はその三階の教室から職員室まで、「ながれろながれろ……」と歌いながら戻った。「授業をしていくとこういう子どもの本質的な美しさや明るさ」に生で触れることができる。全く教師の役得だと思ったりしてきた。

もちろん、私の担任時代も、今の若い担任の先生方も毎日毎時間がこういうときだけではないことは当たり前である。ときに激しい怒りや苦しみや悲しみが沸き起こることもしばしばである。言わば、「教頭の授業」はそういう日常性とは少し違った次元で行われるということからくる特異性があることはあえて記しておかなければならないが、ここに書いたような事実も実際にあったことはあった。

## 斎藤喜博『わたしの授業』(「あとかくしの雪」1)◆講座83◆

今回から、斎藤喜博の授業について触れていきたい。(何回に及ぶかわからないし、間に、ほかの話題も入るかもしれないが。）

斎藤喜博は境小学校の校長を退いた後、「教授学研究の会」を組織し、全国の小中高等学校に入って、実際に授業もし、その学校の学校づくりを応援するようになるのだが、その過程の中で生まれたのが、『わたしの授業』（一莖書房）の全五巻である。

また宮城教育大学の教授にもなり、附属の授業分析センターでも専任教授として仕事をしたが、その中でも宮教大附属の小中学校では何度か授業もした。その記録も『わたしの授業』や『介入授業の記録』（一莖書房刊）に入っているので、「斎藤教授学」を本腰で勉強したいという方は、私のこの講座はほんの入口にしていただいて、まずは、前記「斎藤喜博の授業記録」を読むことをすすめたい。

今回は石川県小松市東陵小学校二年生での授業。教材は木下順二作の「あとかくしの雪」である。

授業の導入部分は次のようになっている。

プリントした教材をくばる。

あとかくしの雪　　木下　順二

あるところに、何ともかとも貧乏な百姓がひとり、住んでおった。

ある冬の日のもう暗くなったころに、ひとりの旅人が、とぼりとぼり雪の上をあゆんできて、「どうだろうか、おらをひとばん、とめてくれるわけにいくまいか」というた。

百姓は、じぶんの食べるもんもろくにないぐらいのもんだったが、「ああ、ええとも。おらとこは貧乏でなんにもないが、まあ、とまってくれ」というと、旅びとは、「そうか、それはありがたい。おら、なんにもいらんぞ」というて、うちにあがった。

けれどもこの百姓は、なにしろなんともかともびんぼうで、何ひとつ旅びとにもてなしてやるもんがない。それで、しかたがない、晩になってから、となりの大きないえの大根をかこうてあるところから大根を一本ぬすんできて、大根やきをして旅びとに食わしてやった。

旅びとは、なにしろ寒い晩だったから、うまいうまいとしんからうまそうにしながら、その大根やきを食うた。

その晩さらさらと雪はふってきて、百姓が大根をぬすんできた足あとは、あゆむあとからのように、すうっとみんな消えてしもうたと。


この日は旧の十一月二十三日で、今でもこのへんでは、この日には大根やきをして食うし、この日に雪がふればおこわをたくもんもある。

教師　めいめいで読んでください。（以下教師は斎藤喜博）
——子どもたち、一人一人で声を出して読む。よく読みひたっている。
教師　はい、一回読んだ人。（「一回」という子いる）
教師　二回読んだ人。
子ども　一回。
教師　一回は読みきったのね。
子ども　はい。
教師　まだ一回読めない人いる？
一人の子　ハーイ。
教師　まだ一回読みきらないの？　一回読みきった人……二回読みきった人。
教師　あんたも一回読んだでしょう。……読まなかったの？（孫かなにかに言うように、ゆっくりとやわらかくいう）
教師　あなたは二回読んだ？
子ども　いろいろに言う。
（『わたしの授業』一集）

教材が「あとかくしの雪」であることがまず一つのポイントである。二年生にはむつかしいかもしれないが、十分にイメージを膨らませられる教材であること、教材そのものが文学作品としても一級品であることなど、よい教材の条件を備えているものである。

かつて私は、前にもこの講座でも書いたが、大分県教研集会城島集会の音楽サークルのサークル長を十年以上もさせてもらったが、「音楽」でも「教材の問題」が第一の問題となった。「子どもが育つ教材」とそうでない教材があるということを常に問題にしてきた。よく私が言ったのは「『お子様ランチ』ではだめであり、教科書の教材だからとそのまま指導書にしたがってやるというのはもっとだめ」ということであった。授業者の最初の仕事が教材を選ぶということであると言い続けてきた。

そして、この斎藤喜博の授業では、教材と子どもたちの最初の出会わせ方が、斎藤喜博らしいと言える。プリントを配る。「めいめいで読んでください」と指示する。何回読んだか、最低一回はすべての子どもが読んだかを確かめている。しかもその指示なり、問いかけは大変にやさしい。ここは、無駄とか要らぬことが何ひとつない。

昔からそうだが、研究授業とか、私が授業を見せてもらうと、たいていは要らぬことを言う人が多い。「今日は後ろにお客さんが来ているので、回れ右、よろしくお願いしますを言いましょう」なんて言う教師もいる。明らかに、誰のための授業かがわかっていないということを露呈してしまっている。

今回は、教材のこともあったが、斎藤喜博の授業の導入の導入のような部分であるが、こういうところはやろうと思えば誰でもできる。無駄をなくして、きちっと端的に指示して、全部の子どもと教材をしっかり出会わせること、そして、その結果をゆっくりと確かめて、しかもすぱっと本題へ入っていく、まあ、授業の展開で言うと主発問（第一発問）に移っていくというこことが導入の要点である。講座の読者で現役の「授業者」の方は、ぜひ学んでもらいたい。

（次回へ続く）

## 斎藤喜博『わたしの授業』（「あとかくしの雪」2「発問」）◆講座*84*◆

前回は教材プリントを配って、めいめい読みをさせ、それを確認するところまでの記録を紹介した。その続きを見てみよう。

教師　じゃあね、いまのみなさんの読み方、とてもきれいないい読み方だったよ。なかのことがわかっちゃったような読み方だったねえ。どんなことが書いてあった。

一人の子ども　わかんないの。

他の子ども　漢字だからわかんない。

他の子ども　漢字だから。

教師　漢字だって、どんなことが書いてあった。お化けのことが書いてあったかさ、（一人の子ども「旅人のこと」という）大雪が降ったことが書いてあったのか、何かわかるでしょう。

——子どもたち、何かいろいろ言っているが、テープがききとれない。

教師　あんた、どんなことが書いてあった。

——他の子が言い出す。

教師　いまこの人がいうからきいてください。

子ども　わかりません。

教師　わかりませんということはないですよ。

——その子が文章を見ているので、

教師　見なくもいい、見ないで言ってください。

子ども　そーねーえ（しばらく考えて）わかんない。（そう言って可愛らしい声で笑う）

教師　わかんないということはないと思うがな。あなたは（他の子に）どんなことが書いてあった。ひとことで言うんだよ。五字か六字で言えばいい。

——しばらく、間。

教師　ひとことで。長く言う人は……駄目。（「だーめ」と言うようにゆっくりと言う）短く言う。うんと短く言えばいい。

子ども　あのね……

教師　みんな長くまとめて言おうとするもんだからつかまえて言えないんでしょう。（これは参観の先生たちに言っている）

——一人の女の子に、

教師　あなたはどう、さっきまだ半分きり読まないと言ったが、どんなこと書いてある。

子ども　半分だけ読んだら、旅人とおー、百姓のことが書いてある。

教師　あれ、みんな読んだんと同じじゃない。半分読んでみんなわかっちゃったんだねえ。えらいもんだね。旅人と百姓のことが書いてあるって。こんなに読める人がいるんだよ、それを二回も読んでわかんない人がいるんだから……やんなっちまうなあ（先生たち楽しそうに笑う）この人はまだ半分きり読まないでみんなわかっちゃった。（先生たちまた笑い）

（『わたしの授業』一集）

「いまのみなさんの読み方、とてもきれいな読み方だったよ」と子どもたちをほめて、「どんなことが書いてあった」と最初の発問を出している。前回の講座でも書いたように、斎藤喜博の授業の中心は、子どもと一緒に追求する授業であり、教え込み型でないということである。大変に誉めるのがうまい授業者であるとも改めて思う。教師が教材とくっついて授業の展開に沿って誉めているのが特質である。

普通だったら指名読みをして「うまかったね」と誉めて、「では次の人読んで」などとやるから誉められてもちっともうれしくないし、授業の展開と関係なく「先生が上に立って誉めてあげるよ」という感じになるからいくら誉めても次の「授業を動かす力」に転化していかない。

しかもこの斎藤喜博の授業の部分の最後にはきちっと「どんなことが書いてあった」と聞いたことの中心の答えを上手に引き出している。「旅人と百姓のことが書いてあること」を、「この人はまだ半分きり読まないでみんなわかっちゃった」と全体に確認しながら楽しそうに誉めている。

授業の展開はこういう「悠々としたところ」と「一気に集中すること」の両方が必要である。よく大分教授学の会などでも「平押しの授業」にならないようにと言われたりした。島小や境小の授業でも、教授学研究の会の授業なども「展開の核」のある授業を追究してきたのだが、われわれがやると、「核」のところを中心にはするのだが、とても固い融通の利かない理屈っぽい展開になって子どもが疲れてしまうことがある。

しかし、斎藤喜博の授業は実に悠然として楽しく展開しながら、中心をはずさないというところがある。

次回の講座ではその展開の核にかかわるところを見てみながら、斎藤喜博の授業から学ぶことを具体的に考えたい。（次回へ続く）

斎藤喜博『わたしの授業』（「あとかくしの雪」3「発問」）◆講座85◆

前回は最初の発問から子どもたちのこの教材の核心に迫る読みを引き出すまでの問答だったが、今回はさらに読みをさせながら作品の中心に迫る問答が楽しく続く。二年生という学年段階もあるが、斎藤喜博の授業はここまで来ると本当に「やさしく強く」展開しているのがわかる部分である。この東陵小二年生の「授業」についての考察は今回までとするが、また少し間を空けて、違う教材、違う学年での授業を取り上げて「斎藤教授学」の根本を考えてみたいとは思う。「授業で勝負する」と言ったのはほかでもない、斎藤喜博その人である。

教師　ものすごく上手に読めたねえ、たまげたこれは、それから、きいてる人が上手だったね、きき方が。ものすごく上手でよーく読んだね。（この朗読をした子は、後ろのほうにいた子だったが、はじめ全員が自由に読んだとき、口の動きなどから目をつけておいた。）

教師　今度はなかに書いてあることがわかった？

子ども　うん。

教師　どんなことが書いてあった。

——子どもたち口々に何か言っている。「ぬすんでいく」などという声も聞こえる。

子ども　大きな家。
教師　大きな家が出てきたね。それから、あなたは。
子ども　うん、大根。
子ども　同じ。大きな家。
教師　同じね。
子ども　大根をぬすんできた。
教師　どろぼうが出てきた。ぬすみにいった。どろぼうしちゃったんだね。だれがどろぼうをしちゃった。
子ども　百姓（口々にいう）
教師　百姓がなんでしちゃったの。
——子どもたち口々にやわらかくいう。やさしい笑い声もきこえる。「ふふふふ」などという声もきこえる。
子ども　旅人にやるものがないから。
教師　どろぼうなんかすれば、……おまわりさんにしばられてしまうのに、どうしてどろぼうしちゃったの。
子ども　旅人に何もやるものがないから。
教師　ああー、旅人に何もやるものがないから。どこかのうちからぬすんできちゃったの。

子ども　えーと、大きな家。

教師　大きな（ゆっくりという）家ね、大きな家からぬすんじゃったね。

——途中略

教師　そうだ、どろぼうを考えちゃった。ね。悪いやつだね。（「しかたがない」のとなりに「どろぼう」と板書）どろぼうを考えちゃったね……。お百姓さん、うんと悪いやつだから、みんなたたいてやる。どう？

子ども　うーん。（否定的に）

子ども　心のやさしい、いい人。

教師　あれ、心のやさしい……なるほどね。ほかの人はどう。

子ども　やさしい人。

教師　同じ、そう思う。やさしい人だと思っている人いる。

——全員、「ハーイ」と手をあげる

教師　なるほど、みなさんやさしいんだね、心が。皆さんがやさしいだな、これは。

——（一問一答のようなかけ合いだが、大変に集中しよく考えている授業記録がこの後も続く）

「あとかくしの雪」の授業を私も何度かしたが、なかなか斎藤喜博のようにはいかない。なぜだろうと今更思う。しかし、この講座の読者の方には、斎藤喜博の授業の中心がこれだけの記録と私の浅はかな解説では納得がいかないところもあるのではないか。やはり『わたしの授業』に直に当たって読んでもらって、それぞれの読む力で考えてもらうしかないのかもしれないが、少なくともそういう記録があり、きちんと全国出版されているということの紹介はできたのではないかと思う。

そして「斎藤教授学」と一口に言うけれど、「教材」「教材の解釈」「展開の核」「発問、指示、説明」とその一つひとつが深い奥行きを持っているのだから、まだまだこれからもあらためて『わたしの授業』や『介入授業の記録』などをことあるごとに読み直していかねばならないのだと思う。この講座はひとまずここで筆をおきたい。

今日は十二月十四日。今朝も寒かったが、いよいよ冬本番になる。あと一週間余りの二学期の終わりを乗り越えて、年の瀬、新世紀、新千年紀のスタートの記念すべき新年へと向かいたい。

# 広島県大田小のＣＤ『いのち輝く子どもの歌』（一莖書房）◆講座86◆

待望久しかった大田小学校の公開研究会（斎藤喜博も指導に入った第五回、第六回・昭和五十年・昭和五十一年）の音楽発表のＣＤが、やっときた。『いのち輝く子どもの歌』（大田小学校の事実・一莖書房刊六八〇〇円＋税）である。作曲家の近藤幹雄氏のコメントも、当時の山口博人校長の解説や斎藤喜博の当時の大田小の手記に対するコメントなどもついた箱入り・冊子付きの立派なものである。

斎藤喜博が入った全国公開の学校は小・中・高といくつもあるが、その中でも大田小学校は六年間も公開を続けたし、毎年多くの参観者が行って目の当たりにしたその圧倒的な事実（教科の授業、体育発表・音楽発表）については、多くの書籍も刊行されている。中でも、当時、筑摩書房の編集長だった原田奈翁雄氏の『絶望を退けるいとなみ』（一莖書房刊）という本は私も本当に感動して読んだ。

原田さんは当時の時代背景として、戦後の進歩主義・民主化が六十年安保闘争、七十年学生闘争を経て挫折し、「民主化」からの後退減少が顕著になり、教育界にも後ろ向きで倦怠感が満ちあふれていることを指摘しながら、「反戦平和・真の民主化へ」の「絶望を退けるいとなみ」として、「大田小の子どもの姿」を見たのである。

今回のCD化に当たっての作曲家の近藤幹雄氏のコメントの中にもそのことにかかわって次のような文章がある。

「教育のもつ偉大な力と、子どもの計り知れないほど大きな可能性を、私たちは、子どもの表現の事実から教えられる。このCDのコメントを書くに当たって、私が大田小学校の教育の実践についていくつかを紹介したのは、このCDに収められた合唱が大田小学校の大きな教育力の成果の総計の一つであると強く思っているからである。プロの少年少女の合唱でも、また、コンクールで選ばれたグループのCDでもない。国語や算数や音楽などあらゆる教科の毎日の授業の中で、子どもたちの思考が深められ、奢りやためらいもなく素直な自己表現をする力を身につけ、個が確かなものに向かって育ち行くための努力を積み重ねたところから、あの感動的な合唱が生まれたことは間違いない。そういう日常の授業実践の確かな基礎なしに感動的な合唱を実現することはできないであろう。」

実はこの講座の最初の方で「大田小公開」のことを書いた（学校づくり2〈本書P．23〉参照）が、このCDの合唱の「公開」から二十数年を隔てた「新しい公開」のことであった。このときに一緒に行った佐藤順一校長先生（もうこの新しい公開の翌春に退職されているが）などは、このCDのときの公開を直に見ておられ、「斎藤先生が入ったときの公開はまた一段と質の高いものだった」ということをその行き帰りに何度も言われた。

『いのち輝く子どもの歌』CD二枚（ほぼ二時間）を一気に聴いた。第五回（昭和五十年）

の一年生の「山びこごっこ」から子どもの呼吸と顔つきとまなざしがはっきりと見て取れるような歌声だった。八曲目「ソーラン節」(三年生)の二部合唱の途中から胸がいっぱいになり思わず涙があふれそうになった。そして、いつもの「全国公開」のように、と思い起こしながら、学年が上がるにつれてはっきりと上がっていくその人間の輝きに満ちた歌を聴いたのだった。

今度の冊子の中にも収められた斎藤喜博の「大田小の実践記録『発見から創造へ』の序文」には次のような記述もある。

「しかもなお私が感動することは、この学校の先生たちが、観念的に物を考えたり、スローガン的なものをかかげてそれに事実を近づけようとしたりしていないことである。いつでも、目の前の事実に目を向け、身体全体で対象にぶっつかり、そこに生まれた事実によって、驚いたり喜んだり反省したりしながら、自分や自分の実践を変えたりふくらませたりしていっていることである。」

○○方式とかの形式にそった「授業の流れ」をつくるのではなく、自由に対応自在にして、子どもの事実を見つめていくということ、実はそこのところができないで、あえいでいるというのが今の「教育の荒廃」の現実ではないだろうか。あらゆるハウツーものの教育情報があふれ、各附属小学校や民間教育団体がこれでもかというほどに様々な対症療法的な実践例を流しているけれども、どうにもならないではないか。

原田さんではないけれど、今こそ「絶望を退けるいとなみ」のありのままのこの大田小の子どもたちの「歌声」に耳を傾けて、その子どもの姿や生きる意志に満ちた可能性の事実を事あるごとに学ぼうと思う。感じようと思う。

「鹿も四つ足馬も四つ足」とか言っていたものだが、あれからもう何年にもなっているのに、今またこのCDを聴くと、何ということか、この「大田小の子ども」の足もとにも及ばないという事実だけがはっきりしただけのことである。

しかし、教職にある間は「やっぱり鹿も四つ足馬も四つ足、いつかきっとこの子どもたちのような真に子どもが生きられる学校をつくろう」と思うしかない。そこのところだけをしっかり心に持っていこうと思う。そしてまた時々このCDを聴いて、気を取り直して進んでゆこうと思う。

## 教育エッセー『斎藤喜博と徳田白楊』◆講座87〜90◆

### 一．斎藤喜博に学び続けて

一九七五年三月三十一日、二十八歳の私は埼玉県への三年間の県外派遣教員の任期を終えて、大分県への帰任の飛行機の機中にいた。ジェットエンジンのうなりが耳になじんで、機体が水平飛行に入ったとき、私は三年間の埼玉県八潮第二小学校（現八潮市立潮止小学校）の仕事のことを思い起こしていた。八潮第二小学校は、東京都との境の埼玉県南部の人口急増地帯のマンモス小学校であったが、私は、六年六年二年と学級を受け持って、三年間、子どもたちや保護者、そして若い同僚たちと楽しく仕事をすることができた。とりわけその二年目からは、音楽の授業も自分で担当するようになったり、三年目は、特に希望して初めての低学年を受け持ったりもした。

埼玉に派遣されるまでの新卒以来三年間の大分での、全生研の班核方式や、若さに任せてのただ一生懸命なだけの仕事からの私自身の変化は、ほとんど、その頃その書を読んで感動した斎藤喜博の影響であった。

『島小の女教師』（明治図書）や『授業入門』（国土社）『学校づくりの記』（国土社）『教育の演出』（明治図書）『風と川と子どもの歌』（筑摩書房）など、とにかく「斎藤喜博」という名の付いた書籍や出版物は手当たり次第購入した。しかも、隅から隅まで、何度も何度も読み返した。「子どもの無限の可能性を育てる教師の仕事」「政治を超える授業」「授業は芸術」などという斎藤喜博の「事実に裏打ちされた言葉」は強烈であり、新鮮であり、魅力的であった。「でもしか先生」や「閉塞的な状況」などという言葉が一方で流行っており、「三無主義」（無気力、無関心、無感動）などと言われていた時代に、本当に一筋の光明だという確信を持って、「斎藤喜博」に出会うことで、私の三年間の「八潮二小」は終わったとさえ思った。

初めて自分で音楽も受け持った六年生の子どもたちは、卒業記念に「今越える一つの歌」というLPレコードを製作した。卒業式が終わったあと、子どもたちはその卒業記念レコードにも入った合唱曲「喜びの歌」（ベートーベン曲・三部）と「一つのこと」（丸山亜季曲・斎藤喜博詞・二部）を最後に歌った。そして泣きながら帰って行く子どもたちを、校門まで見送りながら、私もなぜか、子どもと一緒に号泣してしまった。「全力」「体当たり」「子どもと一緒に」というのが文字通りだった私の二十代の一コマに「斎藤喜博」という芯が生まれた一年だった。

最後の年の二年生たちとの、本当に毎日が何事か起き続けた一年。最後に子どもたちと作った記録映画「白さぎの歌」（八ミリ五十分）、その主題歌「白さぎの歌」（後藤清春作詞作曲・部分二部）が、まだ生々しく頭の中を廻っていた。

飛行機が、四国の上空にさしかかり、大分県国東半島の影が、夕暮れの中に見えたとき、私は、「斎藤喜博の求めたもの」をふるさとのわが町、緒方の子どもたちと追求しようと深く思っていた。

［埼玉から帰って……斎藤喜博との出会い／教授学全国大会雲仙大会］

帰任して緒方町立上緒方小学校に着任した私は、サークル「第三土曜の会」を結成し、「授業の事実」を創る「教室の仕事」を何とか実現しようと努力した。また、「教授学研究の会」夏の公開研究大会（宝塚大会／雲仙大会）や斎藤喜博の入った学校公開研（森山東小・長崎／

鍋小・広島／逆瀬台小・兵庫／瑞穂三小・東京／赤穂小・長野／大田小・広島）などにも参加した。

とりわけ、一九八〇年夏、長崎雲仙温泉で開かれた教授学研究の会夏の公開研究大会では、私は体育「跳び箱の指導」を発表し、病気を押して参加していた斎藤喜博から、思いがけず直接のコメントをもらうこともできた。

そのときのことは、私にとっては全く衝撃的であったために、あちこちで書いたり話したりしているし、講座29・30（本書P．80～82）の記述とも重複するが少し角度を変えて回想すると次のようなことだった。

三年生三十二名の跳び箱の指導についての発表は、ビデオですることになっていた。一日目の夕食後、機器、大型ビデオプロジェクターのチェックをするというので体育の発表をする私もビデオテープを持って参加したが、「発表用のビデオテープ」ではなく、別の「側転」のテープをかけた。ビデオプロジェクターに私の子どもたちの側転の姿が大きく映し出され、大広間にまだ残っていた参会者からは「ワー、きれい」とどよめきがおこった。私があえて「発表用のテープ」をかけなかったのも、まだかなりの人が残っているので見せたくないという思いがあったためである。

しばらくして大広間に全参会者六百名余が集まって体育の発表が始まった。青森の若い中学校の先生の倒立前回りの発表が済んだとき、中央付近の入口が大きくざわめいた。私が発表の席に着いたちょうどそのときだった。

斎藤喜博はそのころ肝臓の病気で高崎病院に入院しており、若い研究者が付き添って会場となったホテルに来ていることは参会者に知らされていたが、この夜の体育発表には出ないということを聞いていた。その斎藤喜博が、突然会場の大広間に入って来た。

私は、全く予期しないことでもあったし、かなり動転したが、発表の「跳び箱」のビデオには自信もあったので、機械の係の人に合図を送り、発表を始めた。ところがビデオプロジェクターに写った映像を見て私の頭は真っ白になってしまった。チャップリンの映画のように早送りの跳び箱を次々に跳ぶ私の子どもたちが写っているのだ。会場も呆気にとられたようになり、どよめきが会場全体に広がっていくのをなす術もなく私は突っ立って見ていた。顔面蒼白だったに違いない。

夕食後チェックしたテープは、標準スピードで撮影されており、何の問題もなかったが、発表でかけた跳び箱のテープは、三倍速で編集されていたために早送りの映像になってしまった。このときの機器は三倍速に対応できないものだった。

斎藤喜博は、マイクを取って自席から言った。「いいですよ。これでわかりますから……続けてください。これで見えなくっちゃだめだ。……」

しかし、あまりにも私が茫然としているのを気づかったのか、会場の参会者への配慮もあっても思われるが、司会役の研究者が、「ちょっとビデオを止めて、後藤さんから跳び箱指導について、資料のプリントで説明をしてもらいましょう」と言った。

私は、促されてやっとマイクを握り、レジュメに沿って「跳び箱は馬力で跳ぶのでなく、リズムで跳ぶということを斎藤先生の本で学びました。……」と震える声で話し始めたが、そのとき、一緒に来ていた友人の牧野桂一さん（現大分県教委参事）が、「後藤、確か八ミリを持って来てたんじゃあないか。車の鍵は？」と小声で訊いてきたので、何とか鍵を渡して、話は続けた。間もなく、八ミリ映写機とフィルムを持って、息せき切って牧野さんがもどって来た。そしてその八ミリでも「跳び箱」を見てもらった。

私の発表が終わった後、斎藤喜博は次のように言った。

「三年生の子どもが一人残らず全員、これだけ見事に跳び箱を跳んでいるという事実にまず感動したんです。私なら、初めの早送りのビデオでもよく見えます。見えるということが大切なんです。ちょっと注文を言うと、みんな同じ跳び方になっているということがあります。わんぱくはわんぱくなりにということがなければならない。それが教育ということなんですから。」

また翌日、二日目の講演の中でも、私の発表にかかわって再度次のように言われた。

「昨夜の跳び箱のビデオもみんなで見ましたが、あの中で、一人の女の子がお尻をこすりながら、でもとってもやわらかくきれいに跳んだんです。その跳び箱を見ながら私は本当に感動しました。こういうのが見える教師にならないと授業なんて組織できないんです。跳び箱だってただ跳べばいいというもんではない。子どもを育てるための跳び箱なんです。でも、昨夜の先生は、実践を追求するのには、大変に厳しい環境の中でも、本当は学校ぐるみでやるのが一番なんだけども、次善の方法として、学級で授業を公開したりして、授業を追求し、子どもの可能性を具体的に出しているわけで、大変すごいことをやっているのです。……」

斎藤喜博の「子どもの事実が見えるか」という問いは、一方で「無限のやさしさを持ち続けられるか」という問いでもあると私は感じた。後にこのときの大会のまとめの『実践の事実に立つ授業研究』(国土社)という本にも、この間のことにかかわって、「教授学的な意味」について、大分大学の野村新先生が詳しく報告されておられるが、このときの「鮮烈な斎藤喜博体験」が、今でも私の三十年になる「教師の仕事」をずっと支え、励まし、叱咤し続けてくれている。たじろぎ、慌てふためき、茫然とした、思い出とともに。

## 二.「斎藤喜博」による「徳田白楊」との邂逅

私の住む大分県緒方町の「郷土の歌人」徳田白楊との遅すぎた邂逅も、「斎藤喜博」との出会いがなければありえないことだった。ただの「郷土歌人」ということではなく、斎藤喜博と同じく土屋文明を師とし、死ぬまで同じアララギに歌を出し続けた徳田白楊。本名森下文夫。明治四十四年五月二十八日大分県大野郡上緒方村(現緒方町)徳田に生まれ、旧制竹田中学

（現大分県立竹田高校）を出、大分新聞の歌壇と『アララギ』とに短歌を発表したが、病気のため、昭和八年一月十九日満二十一歳七ヵ月で死んだ。翌年、土屋文明編の『徳田白楊歌集』が出版された。）

この土屋文明に見い出された夭折の天才少年歌人徳田白楊が、斎藤喜博と同じく「明治四十四年生まれ」であることをあらためて知ったのは、ごく最近になってのことであるが、私が、初めて「徳田白楊」という歌人のあったことを知らされたのは、埼玉県から上緒方小学校へ帰って間もない頃のことであった。

上緒方小学校の「学級づくり・授業づくり」のことを聞いてもらうことと、「サークル・第三土曜の会」のことなどの相談ということもあって、サークルの仲間の渡邉達生さん（現筑波大附属小）と一緒に、上緒方小学校区に住んでおられるアララギの歌人渡邊定秋さんの家を訪れたことがあった。一九七六年の秋の夜だった。

その中で、「かりがね」という歌曲のあることを知った。徳田白楊の「かりがね一連」の歌に高校の音楽教師が曲をつけたものだった。渡邊定秋さんと当時、隣の長谷川小にいた達生さんが歌うそのやや哀調を帯びた、第一印象としては俗っぽい流行歌風の歌が妙に耳についたのが徳田白楊との邂逅の最初であった。やわらかい心和む出会いだった。

夕飯を食べつつあれば雁が音のたまゆら聞こえ母の恋しき

宵々にかり鳴き渡るこの頃のわがむらぎものこころ寂けし
この夕べたまゆら鳴きし雁が音のいづらの方へ渡りゆきけむ

その渡邊定秋さんの書斎で、アララギ関係の本の間に斎藤喜博の本を発見した私は、驚喜し、渡邊さんに聞いた。「斎藤喜博をご存じなのですか」と。渡邊さんは言った。「斎藤喜博はアララギの歌人であり、その初期の相聞歌などは最高傑作ですよ。教育実践もすごいし、斎藤喜博の本はたいていあります。これは、『石もて追われるごとく』の初版本ですよ」と言って一冊の本を手渡して見せてくれた。そして「徳田白楊の歌を読んでください。そのことによって、いっそう斎藤喜博がわかるようになると思いますから」とも言われた。

翌日、学校で私はすぐにその「かりがね」を「白楊母校」であり、私の受け持ちの上緒方小学校六年生の子どもたちに教えた。元の歌は斉唱であったが二部合唱に編曲して。第一印象の「通俗的な」というのが不思議に消えて、白楊の歌そのままに清澄な歌が生まれた。子どもの声を通すと、こうも変わるのかと思ったりした。

徳田白楊については、土屋文明編の唯一の『徳田白楊歌集』が四版まで版を重ねて出版されているが、その初版の土屋文明の序を読むと徳田白楊のありし頃の姿が甦る思いがする。目の前に徳田白楊が現れたようにさえ思う文章であり、土屋文明のやさしさ、白楊への慈愛を感じるものである。

昭和四年の九月、私は鹿児島からの帰途、大分市に立寄って大分新聞主催の短歌会に出席した。これは前年の秋頃から大分新聞の歌壇を見て居たので、（土屋文明は昭和三年の秋から若山牧水に替わって大分歌壇の選者になっていた＊後藤注）投稿家諸子と一度会ってみたいという希望があったためである。会果てて後、会場である公会堂の前庭に、紺がすりを着流し、日和下駄を履き、しゃがんで同行者を待ち受けていた一少年があった。立ち上がって挨拶されたのでやはり今日の出席者であることがわかった。するとだれかが徳田白楊君ですと紹介してくれた。（略）私は同行の内本紅蓼氏に「若いね、僕が歌を始めた時と同じだ」などと言った。実際徳田君のにこやかな若々しい少年姿は私自身が歌に入りかけた頃の記憶を呼び起こして私にはなつかしかったのである。

徳田白楊はその唯一の歌集に収められた五百余首の短歌のみを遺して、相次ぐ病気（盲腸周囲炎、右乾性肋膜炎左湿ッ性肋膜炎〈十六歳〉、腎臓結核＝左腎臓摘出手術、手術口丹毒〈十九歳〉、排尿不能、膀胱潰瘍〈二十歳〉、痔瘻〈二十一歳〉＊注「歌集」中の年譜による）の果てに他界したが、その歌は、読むほどに、明るく澄み切って美しい。序文には、さらに土屋文明の次のような言葉もある。

徳田君の病気は重い中にも幾分いい方に向かって行き、尚その上に徳田君は新聞記事（土屋文明は歌壇の評で白楊の歌を激賞し、新聞は「珠玉の天才少年歌人現わる」と大きく取り上げた＊後藤注）などには何の影響も受けないように、前と同じ素直な清々しい、しかも自らの生命を深くかなしむ自ずからなる調べによって歌作を続け、引きつづいて投稿歌を送ってきた。

私は徳田君に対して少しの手心も加えまい、できるだけ純粋に自分の力で成長するのを見ようという態度で向った。徳田君にはしかしそういう点では何等の心配もなく、すくすくと伸びてゆくのが次々の作品によって窺い知ることができた。

この徳田君の啄木から出発し子規によって拍車をかけられ、しかも両者を調和すると言おうか、否それ以外に独自の歌境を開いたことは一歌人の成長の経路として興味が多いばかりでなく、徳田君としては実に多幸なる出発と行程に恵まれたと言っていい。それを思うとこの薄命なる年少歌人は羨むべきであるとさえ思われる。

私の三十年の教師としての仕事は、いつも斎藤喜博に学ぶことであったし、これからもそれはそうなのだが、振り返れば、あまりの未熟さ、不甲斐なさ、私の創ろうとした事実の矮小さに立ち往生し「顔ひんまがる」ことの連続であった。しかも、最近十年余は「徳田白楊顕彰の会＝白楊会」の事務局長として、徳田白楊の歌と人生にも学び、癒されながら、気を取り直しては、「子どもと学校をつくる」というところをたどたどしく、懸命に生きているのである。そういう私自身にとって、徳田白楊の歌の優しさ、美しさ、明るさ、真剣さは、白楊没後六十有余年を隔てた今、大きな意味と価値を持って私に迫ってくる。

かごめかごめ遊びし頃はこの庭に大き櫻の木のありたりき
亡き母の古き寫眞を出し来て位牌の前に置きしは父か
マージャンも歌も結局同じだと友は笑えり我も笑えり
朴の花宵々見ればば色白の人の頬に似てあやにかなしき
炎天の光まばゆき屋根ごしに朴の木の花白く寂しき
誰にしも語らぬことの我にあり朴の木の花見れば悲しき
クローバの生い茂りたるこの濱邊ひとすじ白き道の通れり
診断書見れば腎臓結核と歴然としてしたためてあり
新しき生命求めて生きてゆかむこれの願ひをかなへさせたまえ
かつてわが大分に聞きし師のみ聲いまも耳にありて忘るることなし

## 三　斎藤喜博の歌と徳田白楊の歌

同じアララギの土屋文明選を受け続けた斎藤喜博と徳田白楊。奇しくも同じ年の生まれだと結びつけて知ったのは本当に最近のことである。それぞれが明治四十四年生まれだということは知っていて、「同じだ」と驚きをもって感じたのは、斎藤喜博没後に出された第五歌集『草と木と人間と』の斎藤喜博の歌を読んでからである。「澄み切って優しく明るく美しい」これこそ「白楊歌」ではないかと。

厳しい教育の現実の世界で「子どもの無限の可能性を事実として出す」仕事をされ続けた斎藤喜博は、その『草と木と人間と』の序文に土屋文明が書いた通り、「何かこだはり」を持つことを余儀なくされてきたと思う。斎藤喜博が仕事をしたあの時代も今も、「何かこだはり」を持たなければ「教師の実践」などは生まれようがないと言うべきかもしれない。学校が教育が教師が、何よりも子どもが、再生するための一つの大きな光、それが「斎藤喜博」だと二〇〇〇年の今、私は本当に思う。

とても足もとにも及ばないと知りつつ、私はこれからも「斎藤喜博の実践」に憧れ続け、しかし地道に自分の仕事を自分らしくつくりだしていきたい。

そしてますます徳田白楊の歌を愛して、生き続けたいと思う。それ故にこそ、私の浅はかなインターネットホームページに、「後藤清春の斎藤教授学講座」を連載し続け、「徳田白楊顕彰の部屋」を更新し続けようと思う。

（「後藤清春の仕事部屋」http: //www. asahi-net. or. jp/~bj6k-gtu）

はなやぎて二人の娘のみとりくるる今日はわが室は黄なる水仙の花　喜博
繪にかきてみたしとしきりに思ひをり十幾つ花咲くほたるぶくろの一枝　喜博
焼きたての青とうきびを食ひをれば裏山にしきりに百舌のなくなり　白楊
實朝があだなるものとかなしみし朝顔の花咲きそめにけり　白楊

（『事実と創造』NO. 233、二〇〇〇年十月号P. 2〜P. 9から）

## 資料4　子どものための合唱曲「白さぎの歌」

子どものための合唱曲「白さぎの歌」は、埼玉県八潮市八潮第二小学校（現潮止小学校）勤務の三年目（一九七五年）、受け持っていた二年二組の子どもたちのために作詞作曲した。この年三学期にはこの子どもたちと八ミリドキュメンタリー映画『白さぎの歌』を制作したが、その主題歌ともした。

後に大分県に帰ってもたいてい三学期にはこの歌を子どもたちに教えた。四番の歌詞の「武蔵野の地に」をその土地の地名に変えて。

いわく「徳田の里に」（上緒方小）「緒方川原に」（緒方小）「小富士の山に」（小富士小）「茜川原に」（大野東部小）と。

作詞も作曲も、埼玉時代に聞いた島小・境小で作られ、歌われた「ふるさとの歌」（木村次郎作詞・丸山亜季作曲）に動機づけられたものである。この曲はまたミディにして、私のホームページのトップのBGMにもしている。教師としての私自身の主題歌でもある。

白さぎの歌

（作詞・作曲　後藤清春）

一、水の上　青空の下
白い雲は　流れても
ああ　白さぎは　明るく歌う

二、田んぼ道　夕映えの風
なつかしくも　ふるさとに
ああ　白さぎは　やさしく　歌う

三、春来れば　花の香残し
翼　広げ　消えて行く
ああ　白さぎは　想い出　歌う

四、忘れまい　武蔵野の地に
高く　強い　舞い遊ぶ
ああ　白さぎの　心の歌を
ああ　白さぎの　命の歌を

## 白さぎの歌（部分二部合唱）

作詞・作曲　後藤　清春
編曲　川野ますみ

## 授業の再生（よもやまのこと）◆講座91◆

「授業の衰退」ということが言われてずいぶん久しいが、拍車をかけるように「総合的な学習の時間」とか「生きる力」ということになり、「難しい、教科の授業」よりも「子どもの喜ぶ体験学習」ということが「新学力観」という声と共に、盛んに喧伝されて、「授業」よりもその日一日を楽しく安穏にという傾向が強まっている間に、あれよあれよと、「学級崩壊」「授業崩壊」「学校崩壊」というところまできたというのが一九九〇年代の推移ではなかったろうか。

また、「授業」も含めてあらゆる教育活動についての「ハウツウもの」「マニュアル本」が出回り、「授業や教育活動での苦労」を回避する教師たちの出現が今日の崩壊的な現状を作ったとも思うのである。何となく経済のバブルの発生と崩壊の過程が「ハウツウもの流行」と「教育崩壊」の過程とダブっているように思えてならない。

「楽《らく》していいことをしよう」という安直な発想が、「ハウツウもの」の大量の流行を招いたとも言えるし、「授業の手軽な方法のみの追求」によって、子どもや教材と直に向き合うことがなくなり、そのことが「授業の衰退」へつながったと考えられる。

しかもそのために、教師は自分の思想、自分の方法を持つ必要がなくなってしまった。それまでもあった指導書や赤本に頼った授業をしていた教師たちの群れへ、若い将来のある教師たちが、雪崩を打って「ハウツウ」に走ってしまい、一握りの良心的な部分を除いて、学校には「指導書とハウツウ」に頼るだけの教師しかいなくなり、「自分の教育方法を考える教師」はいなくなったとも言える程である。

「自分の考えを持たない教師に教えられる子どもたちの不幸」、ということまで考えざるを得ない。

しかし、考えてみるとそういう若い教師たちの指導をしてきた私たち世代の教師の責任もあるのだから、そういう現状は認識しながら、若い教師たちの主体性の無さを責めても仕方が無いということでもある。

問題はこの状況を具体的にどう克服していくかということである。今の状況を生んだ正体が、残念ながら、実態としての「教師の授業からの逃避傾向」にあるとすれば、根本的な解決のためには、やはり骨折ることであり、息の長いことになるが「授業の復興・再生」しかないのではないか。そこにこそ、この「斎藤教授学講座」の意味もねらいもあるのであるが……。

以前の学校でのことだが、教頭として赴任した当初「先生たちはぜひ年休をきちんと取ってください。授業は、私が責任を持って進めますから」と言ったが、先生たちはなかなか年休を取ろうとしないということがあった。また、定例の授業参観日などに保護者に混じって、私も先生たちの授業を見て歩いたりしたが、授業の相談に来る先生などはあまりいなかった。

どちらも表向き「授業は私たちの本分だから、管理職にいろいろ言われなくても責任を持ってやります」ということだったが、あとでわかるのだが、実際には「教頭に授業の指導などしてもらってはあとが大変。そんなに難しい授業などしなくてもよい。骨折ることはないし、要らぬ介入などしてもらいたくない」というのが本当のところだったようである。

二十代の頃から、というかこの講座でも何回も触れたように埼玉から帰って以来、サークルなども作って「授業による子どもの可能性の実現」のための自主公開などもしてきたし、郡内県内のいろんな場面でそういう趣旨の実践の発表や講演や発言をしていたから、善きにつけ悪しきにつけそういう「私の風評」が先に行っていたし、その中での、私の発言の一部を人からも聞きかじって「授業のできない教師は税金ドロボーと言っている」などと警戒していたという。

教頭としての仕事は「校務の整理」ということで、何から何まで雑務オンパレード、大変な激務でもあるが、一方で「必要に応じて児童生徒の教育を掌る」という規定もあるから、先生方が年休を取ったり出張でいないときは、当然、代教なり授業をすることも仕事の大切な内容になってはいるが、教頭になって最初の方はそういう事情も（？）あって、なかなか授業をするということができなかった。

もちろん私は、管理職になってからは、教育実践についても授業についても「私の考え」を押しつけることは絶対にすまいと意識的に言動を気をつけていたし、「先生方のサポートと陰の環境整備」ということに徹していたのであるが、前の学校で、そういう私の姿勢から少しずつ理解をしてくれ、心を開いてくれる先生方が増え、授業を頼まれることもだんだん増えたし、授業について語り合うこともできるようになっていった。

そしてその中から介入授業も生まれ、私なりの介入授業「鹿の授業」などの一つの私にとっては典型的な実践もできた。先生方はある程度だが、私を同じ授業者と見て話してくれるようになったし、授業を見に来てくれるように積極的に言う先生方まで現れるようにもなった。「授業の再生」ということの具体化ということまで視野に入れながら、管理職として教頭としての仕事に楽しみも持ち、先生方と共に「学校づくり」を進めるという実践を続けることができるようになってきている。そういう過程の中で、先に述べたような「私への警戒感」のことも笑い話で話された。

もちろん「教頭の限界」ということはある。あくまでも「学校づくりの指揮」は校長であり、教頭は「校長の補佐」以上ではありえないからである。よく、先生方や保護者などからも「教頭職は大変でしょう。校長先生と職員との板ばさみになるし、雑務雑務で」と同情されるが、「いやそんなことはありませんよ。気の持ちようですよ。忙しいことは確かだけど、自分でマネージメントをしたりプロデュースしたりできるところもあるし、まだ子どもと直接触れ合うことも多いし、楽しみな仕事ですよ」と決まって答えるが、本音でもあるし、言われるような面もあるが、生来の楽天家だから内にためてストレスになるということがない。そういう他人から見た図々しさとかふてぶてしさは全然変わってはいないということでもある。

先生方が「授業の再生」とか「授業の創造」とかに目が向き、集中できるような環境整備こそ、教頭の私の仕事である。これからも若い先生方に学びながら、ある意味では「はるかな目標（授業の復活）」をしっかりと持って、ゆっくりじっくり、今の仕事の中からその芽をつくり出して行きたいと思う。

明日は二学期の終業式。二〇〇〇年最後の授業日である。

## 全国教研東京集会のこと・第一回目の全国代表（音楽）　◆講座*97*◆

三年担任の先生が今日から全国教育研究集会東京集会にオブザーバーで参加するために年休を取ったので、私は代教で音楽の授業をした。あと二十九日と三十日にも音楽の時間をもらっている。実は「ソーラン節」の二部合唱をしたかったのだが、楽譜が間に合わない（東京の出版社に注文はしてあるが）ので、この三日間で「ぼくの飛行機」という合唱を完成させることにした。合唱と言っても終わりの部分を二部にできればということであまり楽譜にはとらわれないで、深い呼吸と遠くへ声を飛ばす発声の訓練的な歌として取り上げたところがある。そして何よりも、そうは言っても「歌う楽しさ」を感じ取ってもらいたいと思ってのことではあった。

一時間目になる今日は楽譜を渡して曲の紹介、そして一緒に歌いながら「曲の感じ」を丸ごとつかむ時間となった。しかし一緒に三回目を歌う頃になるとほぼ全曲を覚え、声もだいぶ出るようになってきたので、少しだが呼吸と発声の指導もしながら歌った。二日目にはちゃんと歌えるようになるという見通しを持ちながら、今日の「ぼくの飛行機」の指導は終わった。この間十五分だった。残った時間でリコーダーの二部の演奏をしたり、教科書教材をずっと歌っていったりした。大変にかわいい、柔軟で真剣な子どもたちである。普段の担任と子どもたちの取り組みの真摯さがよく出ている学級である。

ところで「全国教研集会」というと私には強烈な思い出がある。前にもこのHP上のどこかで書いたと思うが、私は都合三回「正代表（県の代表）として」「全国教研集会」に行った。一回目は「音楽」で、今年と同じ東京集会であった。二回目は「日本語」で岡山集会、そして三回目は、「地域・過疎・過密部会」で大阪集会であった。

一回目の音楽についてはいろいろな経緯があった。まず、それまで社会科部会や国語部会にいた私がなぜ「音楽部会」かというところから話す必要がある。実はそのころ確か三十次の全国教研集会だから今からちょうど二十年も前のことだが、当時上緒方小学校で音楽も含めた国語・算数・体育・オペレッタ・表現活動などをしていた私に音楽部会の人から電話があって「先生は音楽もすごいと聞いていますが、大変すみませんが今度の県の教研集会に大野支部代表で出てくれませんか」というので何が何だかわからないまま県集会に出た。そしてそのときの投票の結果は次点というのだった。大分県ではこの教研代表の決定は今でも二日間の実践発表討論のあと「投票」によって代表が決定されるが、その投票がわずかの差だが二位だったと後で郡の教文部長が私に言った。

ピンチヒッターだし、また国語部会での仕事もあるのだからという気持ちが「よし来年度は何としても音楽で全国へ行こう」という気持ちに変化するのにそう時間は要らなかった。

次の年、私は敢えて郡の音楽部会に所属し最初のいろいろな役割を決める会議のときに自ら手を挙げて「教研に出してください」と言った。そういうところが私にはある。結構負けず嫌いである。そしてその年見事に投票の結果、音楽で「全国正代表」に当選？　したのだった。そういうところが私らしいと言えば言えるが、何しろ投票だからどうジタバタしても仕方がない。やはり「実践の事実」がものを言うのであるのだから、まっとうな投票なら必ず代表になるという自信もあったことはあった。（「ふてぶてしさ」と「口の巧みさ」でという陰口を言うものもあったことはあったが）しかも内心、「教育実践」を投票で決めるというのも変な話だとも思っていたが、やはり前年度のことがあったから、発表の瞬間はうれしさを隠すことはできなかった。

　このときの全国教研が東京集会であった。四日間の集会の間に各都道府県の発表そして討論と続くのだが、音楽部会ではテープによる発表が重視されていた。私は、その前年度の終わりに公開した上緒方小学校の子どもたちの「かしの木」「かさじぞう」「子どもの四季」のテープを出した。大阪や東京や京都の「音楽教育の会」の人たちがリードしていたが、休憩時間にその大阪や京都の人が私のところに来て「先生のテープとても良かったですね」と明るく言うのを素直に喜んで聞くことができた。そして作曲家の林光や丸山亜季そして「島小の女教師」の船戸咲子などという人も直に見ることができたのを素直に感動したりした。

　またこのときは群馬や埼玉から来ていた「保母大学」の保母さんたちと友だちになった。四日間が終わって帰り際に、その若い保母さんたちと駅まで歩きながら、「実践の話や職場の話」をしたのをついこの前のことのように思い起こすことができる。全国にはまだまだすごい先生たちがいて、それぞれの職場で「授業に取り組み」頑張っているのだということがわかっただけでも意味のある東京集会だった。次回は二回目の全国教研代表となった「日本語」の岡山集会のことを書きたい。

# 二回目の全国教研・岡山集会（日本語）◆講座98◆

全国教研に行っている先生の代教の音楽の時間は三時間だったが、その三年生の子どもたちは見事に「ぼくの飛行機」を斉唱だったけれども覚えて歌い上げた。最後の三日目つまり三時間目は、教室で歌ったあと、体育館と運動場で歌った。子どもの声が大きくなりリズムも出るようになって、場所を変えることでさらに子どもの声を引き出そうということだったが、本当に子どもたちはこの曲を好きになって真剣に歌った。子どもの力というのをまた改めて感じさせられた三時間となった。

しっかり全国の教師たちから学んで帰って来た担任とまたこの子どもたちも新たに学習を展開することを期待しながら「私の授業『ぼくの飛行機』」も一応の終了となった。私自身本当にありがたい楽しい時間となった。

さて前回の続きであるが、私の二度目の全国教研参加は東京集会から九年経った年、国語（日本語）の大分県代表として岡山集会に参加した。実はこの年から全国教研集会は、政治的な問題もあって分裂し、一部の人たちは、別に「全教」という組織の全国集会を京都で開いたりしたので大きな節目ともなった岡山集会であった。

私は大分県緒方町立小富士小学校の二年生との国語の授業実践「確かで豊かな読みの指導」の事実で発表したが、助言者団（研究者など）との対立が四日間とも続き何か後味の悪い研究集会にもなった。

私の授業実践は教科書教材（二年）『かわいそうなぞう』と『そしてトンキーも死んだ』の比較実践と「教材と展開の自主編成」が中心だったが、この同じ戦時中の上野動物園の「動物殺し」の事実を素材にした平和教材の似ていて非なる内容と「文体」のことを私は言ったのだが、共同研究者（助言者団）の中にとんでもない人が入っていて、そしてそのとんでもない人をかばうような言辞を弄する助言者団と教研参加者との対立が続いた一番の中心が私の発表となった。

とんでもないというのはどういうことかと言うと、「実践」の問題ではなく「かわいそうなぞう」の教材を「浪花節」だとか何とか、とにかく決めつけた言い方をするのが、その高飛車な態度が、今までの全国教研の共同研究者にはなかったことであり、殆どの参加教師の反感を買ったということであり、分裂全国教研の象徴的なような人という思いも皆の中にあった。

私はたんたんとこの教材の差し替えの経緯や両方の実践の事実を発表したが、それに構わず、「反戦平和の押しつけ」だと、そのとんでもない人は共同研究者として言うのであるから開いた口が塞がらなかった。

途中助言者団ボイコットの動きも九州ブロックの参加者を中心に出たが、私はそこまでしなくてもこの研究者の言動が、いかに反実践的であるかを衆目の中で明らかにしたのだからいいのだという思いだった。案の定その人は翌日からの日本語部会には来なかったが……。

このときの公式なレポートとしての報告(一つ橋書房刊「日本の教育」第三九集)は当然私のことについてはあまり触れていないが(助言者団がまとめたものなので当然だが)事実はそういう内容だった。

そういう中での対立論争の中から、しかし、ある国立大学の若い研究者は、立場・考え方の違いはお互いに認め合いながら真摯で実践的であり進取のところもあって、私は最後にはその研究者を認めるようになった。教育の論争とか実践上の対立とかはそうでなければならないと思ったりしたことも本当だった。

だから、後にこの若い研究者を、九州の片田舎のその頃私が勤めていた学校、大分県大野町立東部小学校に迎えて、「立ち会い授業『あとかくしの雪』の実践」(私とこの若い研究者が『あとかくしの雪』の教材を三年生と六年生で違う展開の授業を行った)が生まれたりした。

この岡山集会のときの思い出としてはまだ鮮烈なものもある。一つは分裂のごたごたもあったためか、このときの全国教研が三月の最後にずれ込んでしまって私はたまたまだが、当時勤務していた小富士小から大野町立東部小への人事異動の内示をもらっての参加となったことである。したがって、三月末の「離任式」「子どもとのお別れの会」に出られなかった。私は、岡山から長文の「お別れの電報」を打ったりした。ある意味複雑な思いで出ていた全国集会でもあった。

今一つは、このときの二年生と作った「子どもが作った子どものための創作童話集『ゆめ光の子ら』（大分県緒方町小富士小）」をこの岡山集会で報告し、「物語文の読解」の発展としての発表もできたことである。この全国教研を皮切りにこの子どもたちの本は、その後私も授業者として入った九州国語教育研究大会金池小大会や、私が発表者であった九州ブロック「みんなで作る教育課程自主編成講座」等の会で大変よく読まれ、三版まで版を重ねた。

二度目の全国教研集会は、また違う鮮烈な思いを私の心に刻んで終了した。そしてこの全国教研から帰って私の学校公開の仕事、大野東部小の仕事がすぐに始まるわけである。

## 全国教研大阪集会のこと・第三回目の全国代表（へき地）　◆講座99◆

三度目の全国教研正代表となる県教研への参加は、二度目の上緒方小学校勤務の二年目、「最後の清春学級」の子どもたちの実践を持って行った「過疎・過密・へき地教育部会」だった。大分市の判田中学校が会場だったが、私は発表のために21型のテレビを抱えて会場に入った。玄関のところで同じ緒方町の人で同じの大野郡の中学校の教師をしている人が、たまたまそこに出くわしてその重いテレビを抱えて三階の私の分科会まで運んでくれたりした。

私自身は、もういい歳になっていたこともあるし、（確か四十七歳だった）いまさら全国教研ということもないだろうと、今までの教研集会への参加とはかなり違う軽い気分での参加だった。若い人たちの実践を聞かせてもらおう、見させてもらおうという気持ちの方が強かった。しかし、二日間の発表が終わって投票という段になると、それとなく「代表に選ばれるかもしれない」という雰囲気を感じながら「困ることになるかもしれない」と不安になってきた。そして、全国代表当選者の発表を聞いてみると案の定代表に選ばれてしまった。帰り際に郡の教文部長も「来年教頭に昇格したら、後のことを考えなくてはならなくなりますよ……」と笑ったが、私も内心はそう思いながらも「いやあ、まあ上へ上がるということはないと思いますよ」と笑って返した。

県教組の書記さんたちに訊いても未だかつてすべて違う教科領域で三度も全国代表になった例は全国にもないということだった。

このときの全国集会は大阪集会であった。広い貿易センターの中を間仕切りして分科会に使うという変則的な会場で、天井はみな筒抜けなので隣の分科会の話がやたら大きく響くし、とても困難な環境での四日間となった。このときも共同研究者の発言を巡って一問着あったが、今度は一つの共同研究者の文章を巡ってのことであっさり謝罪させて済ませた。

私は、「最後の清春学級の授業実践」を中心に、「ふるさと三部作」ということで「小富士小・東部小・上緒方小」での「群読と合唱による構成表現三部作」を発表した。また会場の一角を借りて、写真展「希望の授業・大分県上緒方小三年生一年間の記録」を開いたりした。私の発表も「写真展」も大変好評であったが、何より「斎藤喜博」という名前も聞いたことのないような若い教師たちが私の実践に大変な興味を持ち、休み時間になると私を囲んで一つの「清春サークル」みたいな雰囲気も四日間の教研の間には生まれた。

大阪集会が終わって帰りの飛行機が大分空港に着き、車に乗って帰る途中、同じ大野郡から出ている県教組の教文部長がおもむろに私に聞いた。「清春先生、今度の集会の特別分科会『子どもの人権に関わる特別分科会』を大分県の集会でも来年度から作らなければなりませんが名前は何がよいですか」というので少し考えたが、とっさに「『子どもの人権分科会』がよいでしょう」と答えた。「そうですか『子どもの人権分科会』ですか。じゃあそうします」と言って新しい分科会の名前が決まり、その後大分県では「子どもの人権分科会」が発足した。

この年は、全国的に「不登校・いじめ・子どもの自殺」等が社会問題化した年であり、この大阪集会でも「特別分科会」に不登校の中学生や高校生も実際に出席して分科会に参加しているということもあってマスコミの取材はそこへ集中したということもあった。私は何だか変な気持ちにもなった。「学校へ行けない・行かない子ども」が教師の研究集会へ出て来て堂々と学校批判教師批判をぶっている。一体だれが彼らを連れて来たのかということもあったし、何もこういうところで意見発表するぐらいなら学校へ出て行って学校で先生や友達と相見《まみ》えたほうがよいではないかという気持ちにもなったりした。もちろんそれができないから「不登校」なのであり、彼らの主張言い分もわからないわけではないのだが……報道陣に囲まれている彼らを見ると複雑な思いになったりした。

この教研集会が終わって何日かして県の教文部長からはまた違う話もきた。「先生の発表資料が大変良いので、きちんと冊子にして県下の学校に配りたいので了承してほしい。そしてそのために資料の前と後ろに序文と跋文をつけて、そして表紙のレイアウトをして県教組宛に送ってもらいたい」という。

私はあまり気が進まなかったが、費用は全部県教組負担であり、その教文部長の勢いに押された形で了承し注文の原稿と表紙のレイアウト写真などを送った。

そしてその黄表紙の立派な冊子が私の手元に届いたときには、私は「教頭昇任」の辞令が出て「組合」を脱けていた。本当に県教研のときの不安が的中してしまったわけである。本来、全国代表になると、全国教研への参加だけでなく以降二年間は県教研の司会者になるし、県でのその分科会のリーダー的な役割を担わなければならないのであるが、それもできなくなって、私の代理を他の人に頼まねばならなくなった。

そして、その年の新しい年度の教頭一年目の最初の郡の教育振興協議会の総会での「全国教研報告」（このときの報告は前年度の全国集会参加者が報告することになっていたが）は、私の「組合への決別の挨拶」のような趣にもなり複雑であった。最後に「やや立場を異にすることになるが、実践の世界は全く同じだと思います。これからも共に頑張りましょう」と言って降壇したが、私のサークルの若い友人などは「感動して涙が出ちゃった」とわざわざ言いに来たりしたが、私の言葉に偽りの気持ちはなかった。「管理職」と「組合員」という「法的な立場の違い」は受け入れながらも「教育実践上では変わってはならない」という気持ちだった。

そういう、今度は私自身にとっての大きな転換点となった全国教研大阪集会だった。三度目の全国教研をもって私の組合員としての実践は終止符を打った。そして同時に私の実質的な本格的な「学校づくり」への新しい実践のスタートも切ったということである。

## 百回記念　教授学夏の大会水上温泉　武田常夫先生のこと　◆講座*100*◆

この「後藤清春の斎藤教授学講座」もいつか百回目ということになってしまった。

まあ百回というのは、きりのいいところであり、記念と言えば記念なのでそういう講座にしたいと思う。「斎藤教授学講座」百回記念に私の思うことというか思い出というか……前にも書いたように私が教職にある限りは、この講座は続けたいと思うが、それにしても、いくら何でも千回ということはないだろうから、百回単位のその回ぐらいは特別の回ということにして、少し違う、よもやま「斎藤喜博」か、斎藤喜博にまつわる私のエピソードとかを書きたいと思う。そう言えばふだんの講座と変わりないと言えば言えるけれども……。

と言いながらも斎藤喜博その人との出会いとか実際に斎藤喜博に会っての話はかなり書き尽くした感があり、自ずと、そういう直接ではないが、しかし、深く斎藤教授学とかかわる話にはしたいと思う。

かつて群馬県の水上温泉で、斎藤喜博その人は亡くなった後のことだが、教授学研究の会夏の全国公開研究大会が開かれたので、私は妻と娘を連れて参加した。

久しぶりに埼玉県の地を訪れてかつての同僚や子どもたちにも会いたいということもあったし、千葉に日本初のディズニーランドがオープンしたのでそれに娘を連れて行くという目的もあったが、私自身は何と言っても保母をしている妻やまだ幼い娘にも、「斎藤教授学の世界の空気」を一緒に感じてほしいという密かな強い願いもあってのことであった。

そのときのことでもっとも心に残るのは、島小や境小で斎藤喜博と一緒に仕事をした武田常夫先生がその会に来ていて、でも、もう体の自由が少し利かないようになっていたと思うが、エレベーターに一緒に乗り合わせたことがあったことである。武田先生は確か杖をついて一人でそのエレベーターに乗って来られた。私と私の妻子と武田先生だけになった偶然の時間があった。

私は武田先生に直にこういう身近でお会いするのはもちろん初めてだったが、島小・境小の写真や記録映画などでお顔は見知っていたし、左右どちらか半身が不自由になられていることなどを何かの雑誌で読んでいたので、「武田先生でいらっしゃいますね。大分の後藤清春と言います。お体の方はもういいんでしょうか」と話しかけた。武田先生は「ありがとう」とにっこりされながら、娘の頭を撫でてくれて「かわいいお嬢さんですね」と言われた。すっかりよくなっているという印象ではなかったが、あの『文学の授業』や『真の授業者をめざして』『詩の授業』の著者、島小・境小で斎藤喜博の学校づくりを中心的に実践した授業者の武田常夫さんと同じエレベーターに乗り合わせて、しかもほんの一言・二言ではあったが、話もできたのが、信じられないくらいうれしかったのを今も覚えている。

その会の研究会でも武田先生は特に発言されることもなかったが、元島小や境小の女の先生たちに護られるように座ってにこにこしながらそれぞれの実践発表や研究発表を聞いておられた。

そのときの参会者による合唱は「モルダウ」だったが、訳詩がたまたま「水上は遠くはるか～」というのも印象的だったし、東京の照屋勝・美和子先生ご夫妻とかが指揮・指導されるのを圧倒されながら私は見ていた。「島小や境小を源流にした本質的で民主的な教育の実践」という川の流れを感じながら、水上温泉の会に参加していた私があった。今から二十年ほど前のことである。そのとき三～四歳だった娘は、今は高等学校の国語の講師をしているのであるから月日の経つのは速いということである。

最近、この講座の中でも取り上げたが、島小の記録映画「芽を吹く子ども」を見て、まだ青年教師の武田常夫先生が授業をしている姿があざやかに映し出されてあらためて感動を深くしたりした。

その後、武田先生は、「事実と創造」に連載中の斎藤喜博抄を完結せぬまま、再び病に倒れられ、ついに帰らぬ人となってしまった。水上温泉での思い出と共に武田常夫先生のことも忘れることはないであろう。

百回記念だが、武田常夫先生のことになってしまった。しかし、「斎藤教授学」のもっとも最高の実践者である武田先生に触れられたのだから、それはそれで意味のあることだと思う。そして、「モルダウ」の音楽が今も私の心の中を、低いけれども熱く流れている。

「水上は　遠くはるか　豊かなる川モルダウよ……」

今や、斎藤喜博も武田先生も故人となられてしまっている。今日は二〇〇一年二月七日火曜日、雨の多い春の初めの妙な寒さの中を過ごしている。「春立ちぬ」とは言え、まだまだ冬のさ中の九州のど真ん中で私は何とか生きている。二十一世紀になっており、こうやって語ることはすべて前世紀二十世紀の話というのも奇妙なことであるが、これくらいで「後藤清春の斎藤教授学講座100」は一応閉めたい。二百回のとき、どんな講座を書けるのかを楽しみとしながら……。

次回からまた新しい気持ちで二十一世紀の「学校・教育・人間」のことの断片が綴られるように少しずつ、週一の更新ということで骨を折り続けていきたい。

## 二十一世紀の授業1 ◆講座103◆

今回から少し、新世紀、二十一世紀の授業ということで論を起こしてみたい。勿論二十一世紀こそ「斎藤教授学」による授業の時代だという私の認識の前提はある。したがって論を起こすと言っても改めて「斎藤喜博の授業論」を読むということになるが。

前にもこの講座の中で触れたように、今の教育の荒廃、「学校崩壊」「学級崩壊」「授業崩壊」の本質的根本的解決のためには「授業の再生」しかないわけであり、そういう意味での「めざすべき今からの授業の有り様」というのを考えたいわけでる。

二十世紀の最後になって「法則化運動」というのがあって、「ハウツーもの大流行」「追試（墜死？）」という「授業の自己否定」のようなことが起こってしまったのだが、「バブル経済」の時代を称して「失われた十年」というように、まさに「教育実践の世界の失われた十年」であったと言えば言える。しかし、その「失われた十年」のことをいろいろ言っても始まらないので、「だから、二十一世紀の授業」の論ということである。

国土社の文庫本『授業』（斎藤喜博著）（一九六三年初版一九八一年二三版）には次のような記述がある。（P．二三二〜）

私の学校へは、一週間以上つづけて学校へはいりこみ、授業をみたり、子どもと遊んだり、職員会や研究会や授業研究会などにも参加して、勉強していく先生が各県から来ている。そういう先生たちが一様にいうことは、「今までの自分の授業は、授業などといえたものではなかった。」ということである。またそのなかのある先生は、「はじめ一日だけ島小をみたときは、たいしたことをやっていないと思った。どの教室も同じような形式で簡単なことをやっていると思った。だが、幾日もみているうちに驚いてしまった。子どもたちはみな、複雑な論理を自分のものとして明確にもっているのだ。だから簡単だと思ったことの背後には、複雑な論理の糸が、くもの巣のように整然と張りめぐらしてある。ひとりひとりの子どもも、学級全体も、学習の進展につれて、その論理の糸や結節点をくり出したり、つくりかえたり、発展させたり、ふくらませたりしているのだ。そういうことが身にしみてわかった」ということをいっていた。

一週間以上いる先生たちは、必ず一度研究授業をして帰るのだが、どの先生も子どもたちの力にへきえきし、頭をかかえ込んでしまう。ある先生は、何日も教材研究をし、授業案を書いて子どもの前に立ったのだが、その先生の用意していったことは、十分間で子どもがわかってしまったので、そのあとは種ぎれになり、ことばが出なくなってしまった。ある先生は、強じんな子どもたちの思考や論理の網の目に、がんじがらめにしばりつけられ、手がつけられなくなって、五分間ですっかり混乱し立ち往生してしまった。

どの先生の授業も、大体はじめの五分か十分で「勝負それまで」ということになってしまう。子どもとの格闘にならないうちに完全に子どもに打ちのめされて頭をかかえこんでしまう。そしてそのあとを、私や、担任の先生が引きついでやると、またみごとな勝負になっていく。いくらでも、つぎつぎと発展していく。

こういうことになるのは、一週間以上いる先生たちが、今まで本物の授業、本物の子どもと対面したことがないからだ。一週間以上いる先生たちは、みな人間としても教師としてもすぐれた資質を持っている人たちである。また、現在の日本のなかでは、教師としても授業者としてもすぐれた実践をしている人たちである。子どもたちにもすかれている人たちである。だが、今までその人たちのやっていた授業が質が違っていたために、論理の網の目を持っている島小の子どもたちの前に立ったとき、手も足も出なくなってしまったのだった。

六年生が、チェーホフの「カシタンカ」という小説を勉強した。この作品は原稿用紙にして七十枚ばかりのものであるが、教材がくばられると子どもたちは、久しぶりに良い食物にありついたというように、二時間ぶっ続けで読みひたった。その読み方は一行一行しっかりと読んでいって、一回読むのに二時間かかるという読み方であった。だが子どもたちは、その一回のていねいな読みで、作品の全体をほとんど頭のなかに入れてしまった。またその作品の本質も直感的にとらえてしまった。それからさらに深く作品を追求していくために問題を作り、その問題に対する自分の考えや、友だちの考えや、先生の考えをぶっつけ合わせ、考えを変えていったり、新しい考えや解釈やイメージをつくり出していったりするのである。

だからそのときどきの子どもや学級には強じんな論理の軌道がある。教師は、そういう強じんな子どもの軌道を打ち壊し、子どもをさらに高い世界へとあげていかなければならないのだが、そうしなければ子どもはほんとうに満足し学習の喜びにひたることはできないのだが、その作業が大へんである。単なる一般的な知識や教材解釈だけでは、子どもたちの強じんな論理の軌道を打ち破ることはできない。一週間いた先生たちが、子どもの前に立って、手も足も出なくなってしまうのは、ほとんどこの子どもの論理の軌道を打ち破ることができないためである。

今までの一般の授業は、自分の持っている一般的な解釈だけを、ただ常識的に子どもに教えこみ、記憶させるだけのものだった。子どもがそれを覚えなかったり、なっとくしなかったりした場合は、文化財とか学校とか教師の権威をつかって、もしくはテストとか通信簿とかでおどかして無理やりなっとくさせ屈伏させるだけのものだった。だがそれだけでは教育とはいえない。学校でなくとも、どこでも、だれにでも、できることである。またそういう授業では、子どもの論理や思考や感情を明確に引き出し育て、子どもや学級に網の目のような論理の組織をつくらせ、それを否定したり拡大したり、変革させたりして子どもをゆるがすようなダイナミックな授業はできない。子どもの持つ論理の軌道と、教師の指導意欲とが、火花の散るような対決をし、その結果として無限に新しい論理の軌道を教師や子どものなかにつくり出していくような授業はできない。

---

「授業の再生」ということは、簡単と言えば簡単なのだが、難しいと言えばこれほど難しいことはないのかもしれない。学校や教師たちの「姿勢の転換」が要求されているわけである。私がよく言ってきたのは、「どこで苦労するか、させるか」ということをしっかり決めて、やはり「真摯に苦労するしかない」からである。「いかにして楽して効率よく授業をするか」という考え方から脱却しなければならないから「姿勢の転換」と言っても簡単ではないということである。

二十一世紀の授業こそは、この「苦労のしがいのある教材と展開で」授業を創っていかねばならないと思う。「子どもに論理も持たせ、その論理ときり結ぶ苦労」のある授業こそ、新世紀の新しい授業だと思う。

(「最初にこう発問して、次にこう言って……」とマニュアルにしたがってというようなもの

は授業などではない。少なくとも「斎藤教授学で言う授業」でないことは確かである）

## 二十一世紀の授業2 ◆講座*104*◆

斎藤喜博の『授業』（国土社）という本は、「あとがき」によれば『授業入門』（国土社）『未来誕生』（麦書房）に続くものという。そしてこのあとに続くのが『授業の展開』（国土社）ということになる。『授業入門』が、その「入門」という言葉とは裏腹に、「斎藤教授学のバイブル的なもの」になっており、そして『未来誕生』がその写真での証拠補強資料として多く読まれているのであるが、今回この講座で取り上げている『授業』は、斎藤喜博自身が言うように『授業入門』を受け、授業というものの本質により迫ろうとして書いたものであるから、前回の講座でも書いたような、言わば「斎藤教授学」のキーワードになる言葉がポンポン飛び出してくる。

斎藤喜博の本など一度も読んだこともないという講座の読者も多いので（感想のメールなどから判断すると）、前回103回のような講座の流れでなく、『授業』の中の斎藤の文章を取り上げながら、少し私なりの説明も加えて、「斎藤教授学」の真髄に触れられるようにしたい。

今回取り上げる斎藤の文章は次のようになっている。

『授業』（p. 64終行～p. 67）

「私の学校で公開研究会をしたとき、全校の子どもたちが行進をした。その時、県外からの参加者である一人の若い女の先生が、涙をぼろぼろこぼしながらその行進を見ていた。子どもたちが行進を終わって、学級ごとに退場口へ向かっていくと、その先生は涙をこぼしながらその後を追っていった。そして退場口へ進んでくる一学級一学級に次々と拍手を送っていった。

私はこういう先生に感動する。またあるときだが、小さい子どもたちの行進や体操を見ていた女の先生は「叱って育てたのでは、こんなに可愛いらしくはならないわ」と言ってしきりに拍手をしていたが、私は、こういう先生にも感動する。私は、こういう、人間と交流できる先生とか母親によってだけ、教育はできるのだと考えている。「足がそろわない」とか「リズムがどうだ」とか、こざかしく、教師らしく、指導者らしく、批判的に、傍観的にばかり子どもを見る、本性意地の悪い教師や母親によっては、決して教育などできるものではない。」

子どもたちは、ほんとに自分や自分たちを知ってくれ、そしてよく見てくれる人がいることによって、胸をふくらませて授業をしたり、合唱をしたり、行進をしたりする。「足をそろえろ」とか、「口をあいてしっかり歌え」とか、「しっかり勉強しろ」とかいうかけ声でやるものではない。

「行進を見て涙を流す」ということ自体が今の若い人には信じられないであろう。「島小」や「境小」では、「行進」も大切な教材となっていたが、普通に考えられる消防団や警察や軍隊の「個を捨てて集団としての統一性のみが追求される行進」ではなく、「子どもが人間として歩く美しさ」を表現する「行進」というものもある。

私が実際に「斎藤教授学による行進」を見たのは東京都の「瑞穂三小」の全国公開のときの全校行進であった。「人間が歩く美しさ」を目の前で見て、実際私も涙をこぼした。それは全く「圧倒的な人間の尊厳と誇りに満ちた表情」をして「美しい肢体」を個人として仲間集団として歩く中で表現している姿が私自身に迫ってくるからである。

行進そのものの問題よりも、斎藤が言っているのはこの行進を見て感動できる女の先生の柔軟さ、人間としてのやさしさ、素直さである。何を今更と言うかもしれないが、一般に教師にはこの女の先生のように率直で心底子どもに感動したりすることができる人が少ない。

斎藤喜博は公開研究会などの場でよく言ったものだ。「自分には一しか力がないのに十力ある人を批判できてしまうということが教師にはある」「どんなによいものを見ても素直にそれを認め、受け容れて感動することができない。何とか粗《アラ》を探して落ち着こうとする悲しい陰険なところが教師にはある」と。

しかもそういう教師に限って、斎藤が書いたような「足をそろえろ」「口をあいてしっかり歌え」「しっかり勉強しろ」とかいう、かけ声だけのことをして「教育」だと思っている場合が多い。

二十一世紀の教育、これからの教育はここを何としても打破しなければ始まらない。かけ声や強制による教育ではなく、子どもの人間に寄り添い、子どもの尊厳とか美しさとかを引き出すような授業の展開なりそのための教材の持ち込みとかをまず考えなければならないということである。

だから、私は管理職になってからも、そういう意味も込めて、「子どもの権利条約の具体化」「授業で勝負する」という二大目標を掲げてきたし、それなりの小さな努力も積み上げてきたつもりである……。

美しいもの、よいものを見て「美しい」と感動できる心、醜いものを見て拒絶する心、それらが二十一世紀の授業の前提として最も大切だということである。

## 二十一世紀の授業3　◆講座*105*◆

今日（二〇〇一年三月五日）は、一年生の先生が午後年休を取ったので、五校時に一年生のクラスに行った。前に代教に行って教えた歌を歌った。「世界の子どもよ」「小さなハンス」の二曲。顔中口にして真っ赤になりながら歌う子どもの歌を聞きながら、子どももっと本格的に関わって「授業」をしなければならないと改めて思ったりした。

さて「授業」（斎藤喜博）の続き。今回の文章は次のようなものである。

---

四年生が音楽の授業をしているときであった。ひとりの男の子が、ちょっとぼんやりと外をみていた。すると担任の先生が「秀一ちゃん、よく歌いなさいね」といった。つづいて私が「秀一ちゃんの厚みのある声が合唱のもとになるのだからね」といった。すると学級全体から「もと、もと、もと」という声がうずまきのように起こった。いかにも子どもたちは新しい発見に驚いているようだった。その学級はちょうどいま国語で「もと」ということばを勉強し、さまざまな解釈や事例を出していた。ところがこのとき「合唱でのもと」という新しい例を子どもたちはみつけたので、こんなにもうずまきが起こり、顔を見合わせ、顔を輝かせて驚き喜んだのだった。

教育は驚くことだと私はつくづく思う。教育の本質は進歩であり、自分をかえていくことである。より高い精神、より新しい世界への渇望にもえ、自分を内省し、他を発見し、そのことによってつぎつぎと新しい世界へ驚きながらはいっていく。そういう子どもをつくっていくことが教育だと思う。教材の解釈は、教師をも子どもをもそのようにしていく質と量を持ったものでなければならない。授業の展開も、そういうところから出発してい

――かなければならない。

前段の校長の横口は、担任の先生との呼吸もぴったりで、島小ならではのものであるが、子どもたちがそれをきちっと受け止めて国語で習った「もと」という言葉の新しい事例にしているところはすごいわけであるが、なかなかどこの学校でもこういくものではない。

まず第一に校長が授業に入ってこれだけスムーズに子どもや先生に受け容れられた発言をすることなど及びもつかない。校長が授業を見に行くこと自体まず拒否されるのが落ちである。たまにPTAのときや参観日に授業を見に行ったとしても、どこかよそよそしくなるか、監督監視に行くようなことになることが多いのが通り相場である。

もちろん、島小でも最初はなかなか本文にあるようにはいかなかったということはあちこちで斎藤自身が書いているとおりである。校長室をなくし、「校長」と呼ばせずに「斎藤さん」と呼ぶようにしたとか、小さな様々な「職場の民主化」の努力の積み上げの結果が、こういう「横口」を出させ、しかもそれを子どもたちがしっかり受け止めていけるようになってきたということではある。島小の学校づくりという成果の上でのことであるということはまず考えねばならないことである。

しかし、それにしても授業中よそ見をしている子どもへの注意が、「秀一ちゃんよく歌いなさいね」であり「秀一ちゃんの厚みのある声が合唱のもとになるのだからね」というのだから、周りの子どもの「もと」という歓声ももちろんだが、当事者の秀一ちゃんは注意されたバツの悪さも何もないどころか、このあと張り切って授業に参加していっただろうことは想像に難くない。こういうところが島小の真骨頂と言えばそうであるが、私たちの学校でも、二十一世紀の学校でも、少し姿勢と思想を変えればできることである。

斎藤の文章の後段はもはや「島小の世界」その独壇場であるが、「驚きと発見、そしてその永遠の繰り返し」を果たし続けること……ちょっとしたボタンのかけ違いで、「島小」にもなる可能性もあるし、「死んだ学校」「荒れる学校」「子どもを苦しめてしまう学校」にもなる。

これからの学校づくりの第一歩は「校長以下職員集団の民主化への強い渇望」と言うべきかもしれない。そこが違うと間違い続けるということなのかもしれない。

## 二十一世紀の授業4 ◆講座*106*◆

前日の三月十日から十一日に行われた大分県佐伯市大入島の「健康マラソン」島一周コース(16㎞)を走りに行ってきた。あまり練習もしていなかったので大変きつかったけど大体一キロ六分ペースでゆっくり完走することができた。この連休はそういう自分の行事があったが、結構リフレッシュすることができた。美しい佐伯湾の海を見ながら走る中で、これからの「授業」のこと、「学校づくりのこと」なども深く自分の中に沈潜させたりした。たまたま三月十一日は、私の53回目の誕生日であった。家人と二人のこの小さな旅行は「春を呼ぶ旅」＝「a journey to embrace spring」となった。いずれ私のＨＰの中の「トピックス」のページで「大入島マラソン報告」もアップしたいと思っている。

では、今回の『授業』の文章を読んでみよう。

『授業』〈p. 12「三つの教材解釈＝一般的解釈・専門的解釈・教師としての解釈」〉

六年の国語の教科書に斎藤茂吉の

朝明けて船より鳴れる太笛のこだまは長しなみよろう山

という歌がある。

この教材を扱う場合、一般的解釈は、この短歌のなかにある語句がわかり、また、短歌の全体が一般的に解釈鑑賞できることである。国語もしくは文学での専門的な解釈としては、「明けて」は「朝明け」とも「夜明け」とも意味も調子もちがうということが一つある。また「船より鳴れる太笛」は、一般的解釈としては「船から鳴ってくる太笛の音」でもよいが、専門的解釈としては、「船より」の「より」が、明確な強さと意志を持っていることに気づかなければならない。したがって「船より鳴れる太笛」は、単に一つの太笛だけが機械的に鳴っているのではなく、その船全体が一つのいのちを持った生命体として鳴り出したのであり、太笛の音はその象徴であると考えてもよい。これらはみな、文学としての一つの専門的な解釈である。したがって、文学教育としての解釈であり、文学教育としての指導となってくる。

この短歌は私にとっても懐かしい教材である。というのも、私自身が小学校六年生のときに、この短歌が教科書に載っていて、国語の時間に習ったことがある。私の先生は、朗読に力を入れた指導だった記憶がある。私は指名されて音読をしたが、それを大変に誉められたことをはっきり覚えている。「本読みがうまい」というのが私の小学校時代の「級友たちの思い出」である。

私の思い出はさておき、斎藤喜博が言うように「教材の解釈」をどれだけ深く広く多様にできるかが、授業の対応性やダイナミズムを作るのであるが、ここまでの一般的解釈や専門的解釈というのは、ある程度だれでもどこでもやっていると言えばやっているが、しかし意外と「明けて」と「朝明け」「夜明け」の違いとか、「〜より」の専門的解釈などは、小学校では見過ごされてしまうことが多い。

しかし、何と言っても「斎藤教授学」の中心としては、次に斎藤喜博が書いたような「教師としての専門的な解釈」こそが「教材の解釈」なのである。

教師としての専門的な解釈としては、「朝明けて」と「朝明け」「夜明け」のちがいをはっきりさせておくことである。このことは、前の専門分野での解釈と重複し交錯する。そうでないと、教師としての授業を展開していくことができないからである。「船より鳴る太笛」も、「太笛は、港全体の船から一斉になり出すのだ」と考える子、「港全体の船がじゅんじゅんに鳴り出すのだ」と考える子、また「一そうの船からだけだ」と考える子などさまざまの子がいたとき、それをどうさばき、どう発展させ、どう明確にしていったらよいか、そういうことを、自分のさまざまな解釈と照らし合わせながら考えていく。それが教師としての専門的な解釈である。もちろんこの場合、どの解釈でもまちがいではないが、どの解釈にしろ教師が、その分野での専門的な解釈をはっきりと持っていないと、教師としての専門的な解釈を明確に持ち、それによって子どもを強く押しつぶし、他の次元へと変革させていくことはできない。

---

教師の専門的な解釈というのは、私なりに簡単に言うと、「子どもはどう考えるだろう」ということまで含めた「教材の解釈を」ということである。武田常夫さんは「百の発問を考えて」から子どもに問うということをするべきだという意味のことをある本に書いているが、そういうこともこの斎藤喜博の「教師としての専門的な解釈」ということと対応している。

一つの教材について、様々な角度から「一般的解釈、専門的解釈、そして教師としての専門的解釈」をし、その上で子どもたちときり結ぶ授業をていねいに創り出すこと、それが二十一世紀の授業である。右の文章は、国語の場合であるが、他の教科、算数でも理科でも社会でも体育でも音楽でも図工でも同じことである。

二十世紀末にあった、「失われた教育実践十年」の元凶とも言うべき「法則化運動」には、ここの「教材解釈の三段階」が根本的本質的に欠落している。だから「授業」などと呼べたものではないということである。「法則化運動」を仕掛けた教育ジャーナリズムとしての出版社の責任はあまりにも重いと言わざるを得ない。

## 二十一世紀の授業5 卒業式を創る ◆講座107◆

明日が、わが緒方小学校の第五四回卒業式ということになった。先日福島の先生から詳しい卒業式の様子などのメールも入ってきたが、その中で「清春先生の学校の卒業式のことなども講座で紹介してください」というリクエストもあったので、今回は『授業』の中の「学校でしかできないもの」から「島小の卒業式」にかかわる斎藤喜博の文章を読んでいきたい。

もちろん、私、後藤清春の今までの卒業式の事例なり思い出や今、教頭として勤めている今年の緒方小学校の卒業式のことなども多少ははさみながらの講座にはしたい。

大体このところ、私の勤務する学校では、フロアー対面式、呼びかけ形式の卒業式であることは以前の講座でも書いた通りであるが、今年も緒方小の若い先生たちが様々に工夫して、ステージや会場の飾り付けをきれいに仕上げている。明日はまた今年なりの卒業式となる。

さて、斎藤喜博の『授業』（国土社文庫版）p. 27～を見てみよう。

---

行事の場合も同じである。どの行事も一度も同じことをくりかえしたことがなかった。卒業式も、初期のころはまだ子どもが集団になっていなかったから、「呼びかけ形式」の卒業式をつくり出し、子どもに集団意識とか連帯感とかを持たせようとした。しかし子どもの質が高まるにしたがって、そういう形式はすでに無意味なものになってしまった。呼びかけ形式などは必要なくなったし、またそれでは、子どもを満足させ、卒業式によって子どもをさらに高いものにすることはできなくなってしまった。一年一年、授業と同じように質の高い卒業式をその年度の子どもたちや卒業生に合わせてつくり出さなければならなくなった。校長の式辞なども、はじめはお話だったが、それでは高い格調を持った卒業式に調和しなくなったので、主として詩の朗読をするようになっていった。

普段の授業の場合も同じであるが、「同じことをくり返さない」というところが「斎藤教授学」なのである。福島の先生のメールにもあったが、だらだらと思い出を言ったり歯が浮くような呼びかけをする「毎年同じような呼びかけ」というのはどうにかならないかと私も教諭時代から思ってきたが、ある意味では私の緒方小学校も福島のその先生の学校でもそういう「形式的な呼びかけ」の域を脱していないということがないわけではないと言うことである。

これはしかし、そういう、ある意味形式的な「授業」をしているからそれで済んでいくわけであるから、卒業式だけ「独創的にしよう」とすると変てこになってしまうのが落ちである。

私は今考えてみると、都合四回だけ六年生を受け持っている。卒業式のそれぞれの思い出もあるが、埼玉時代の最初の年の六年生の卒業式では、長欠の子どもの卒業証書を抜くのを忘れてしまって、その子どものところからずっと卒業証書の名前が違うということになるというハプニングがあったし、二十五年前の上緒方小学校の卒業式では、まだ「仰げば尊し」をやっていたのだが、それを二部合唱で歌ったりもした。また証書をもらいに行くときに礼をすべて廃止し、腰を高くしてつま先から着地するという舞踏的な歩き方で通したりした。また前回教諭で勤めたときの緒方小学校の卒業式では、合唱組曲による卒業式を提案したが、これはあっさり時の管理職や先生方から否定されてしまい、いったん式が終わったあとに、改めて式場に戻り、保護者の前で合唱の発表をしたりした。斎藤喜博詞・近藤幹雄曲の組曲「利根川」全曲を歌ったりした。

これまでも、これからもやはり「島小の卒業式」が一つの目当てであり、高い目標なのであるが、「授業の創造」と一体となった学校づくりができなければ「目標は目標のまま」に終わるに違いない。私の実践も来年度はいよいよ正念場ということである。「授業を中心にする」ということを、身をもってできる最後の年になるかもしれないから⁉

新世紀、二十一世紀の授業ということで、斎藤喜博の『授業』を改めて読んできたが、一応このシリーズは今回でひとまず終了とする。また、いつか斎藤喜博の文章なり資料なりで自らの実践の方向を確認したり、「学校」の再生のこととかを集中的に考える機会を持ちたい。

## さようなら緒方小（三月三十日離任式の日のこと）◆講座108◆

講座107からここまで（今日は四月一日）卒業式、修了式、そして人事異動で二年間の母校緒方小教頭から三重東小への転任と慌ただしくて、延び延びとなってしまった。

今回の講座では緒方小総括ともいうべき離任式、ＰＴＡお別れ会の三月三十日の一日を振り返りながら、明日からの三重東小学校への仕事へのつなぎにもしたい。

三月三十日、ついに別れのときが来た。

九時過ぎに学校へ行くと、高学年の子どもが玄関で迎えてくれて「教頭先生、一年生が探していたよ」というのを聞きながら職員室へ入った。内示があった三月二十六日に、ある女の先生が「教頭先生がかわると一年生が泣くよ。むごいことです」と言ったのを思い出したりしながら……。

十七名中十名の異動という人事であったが、すでに先生方は残る人も退職したり転任したりする人もほとんど来ていた。三々五々子どもたちが私や転任する先生方のところへ来たりしてお別れの餞別や手紙を渡してくれたりする職員室で先生方の別れの悲しさを堪えている姿を見ながら心で泣きそうになる自分を「泣くことはない。『一つのこと』が済んだだけ」と言い聞かせたりしていた。

九時三十分過ぎに最後の打ち合わせの職員会。「教頭先生何か」と週番の先生が言うので「このメンバーでの最後ですね。何かと先生方にお世話になったし、(少しおどけて) 粛々と最後の一日を済ませましょう。今日のことは黒板に書いてあるとおりですから、何か先生方からあれば出してください」とだけ言った。

十時。体育館で離任式。卒業した六年生も含めて二〇〇名の全校児童が集まって式が始まった。残留者の司会進行で退職の校長や十名の先生方のこれまでのことや異動先の紹介の後、児童代表の五年生からお別れの言葉をもらった。私への言葉は次のようなものだった。

「教頭先生に短歌の授業を教えてもらいました。なかなか短歌ができなくて難しかったけど、先生のお陰でできたときはとてもうれしかったです。教頭先生の授業はとてもわかりやすく楽しみでした。本当にありがとうございました。」（授業のことを言われたので私としては最高の誉め言葉だと思いながら子どもの顔を見ていた）

そしてそれぞれの出て行く人の言葉ということになった。

私は次のようなことを短く言った。

「二年前緒方小学校に来たとき私は言いました。『緒方小学校は母校ですから緒方小の子どもとして六年間、そして今日転任するB先生と同じ年頃三十代のころ先生として六年間緒方小にいたので計十二年間緒方小にいたので今日から十三年目です。』と。それから教頭として二年間、合わせて十四年間の緒方小でした。この二年間はみなさんと一緒に勉強したり遊んだりとっても楽しかった。すばらしい緒方の子どもたちとすてきな二年間の思い出をありがとう。おうちに帰ったらお父さんお母さんおじいちゃんおばあちゃんにくれぐれもよろしくお伝えくださいさい。さようなら」

十人の挨拶が済んで、校歌をみんなで歌った。卒業式のときの校歌は二番から先が歌えなくて先生方に冷やかされたりしたが三番までしっかり歌えた。子どもたちの中に泣きながら歌っている顔を何人も見ながら「しっかり歌おう。このすてきな緒方小の校歌を」と思ったりしていた。

花のアーチをくぐりながら全校の子ども、そして残る七人の先生方と握手をして体育館を出た。そこに思いもかけない昨年の卒業生である中学生たちがならんで待っていた。（その子どもたちの担任であった先生も今日転任するのである）「教頭先生いろいろありがとう。三重東小へ行っても頑張って」と花束を渡されながら、「緒方小の教師、そして緒方小の子ども、すてきだ」と心の底から思いながら職員室へ帰った。

挨拶回りの後、夕方六時からＰＴＡのお別れ会へ出た。最初集まりが悪く、隣の退職する校長に「羅針盤を失った船かなあ。出て行く私が世話するわけにも行きませんしね」と笑いながら言うと三十八年間の教師生活に終止符を打った退職する校長も笑いながら頷いたりした。そして「出て行く人にはね、あまり、そう、心は残さない方がというのもあるしね」と笑った。

だが全く予想外にこのお別れ会は大変な集まりとなっていった。半ばを過ぎるころには五十人を超す人数となり、こもごも別れを語り合い二次会までほとんどの人が出て別れを惜しんだ。二年間の様々なことが脳裏に浮かんだし、保護者の本心からの惜別の情を受け止めながら「これでいいのだ。また次の学校がある」と内心思ったりした。

深更まで続く会を後にしながら、「さようなら緒方小の子どもそして緒方小ＰＴＡ」と思うばかりだった。

私自身はこのお別れ会の中で言った言葉を少し酔いの廻った脳裏に反芻していた。

「二年間本当にありがとうございました。様々なことが取り分けＰＴＡのみなさんとの活動の思い出が蘇ってきます。今は二年間の夢から覚めるような気分です。もう少し、あと少し夢が覚めないように今日は楽しく飲みましょう。本当にありがとうございました。」
そして改めて斎藤喜博詞の「一つのこと」（本書「講座38」p.101参照）を心に歌った。

## 「静かで弱い闘い」（『斎藤喜博の世界』より）　◆講座*109*◆

講座108から一ヶ月半が経とうとしている。緒方小学校二年間の教頭職から三重東小学校への転任があって一ヶ月半が経ったということである。母校の緒方小学校での教頭としての仕事が済んでまだその総括もできないままに次の三重東での新しい教頭としての仕事が始まってその慌ただしさの中にいたということになる。

四月二日に赴任して、年度初めのいろいろな雑務をこなしながらなんとかここまで来たのだがこの間、緒方小の仲間たちとの引継ぎやPTAの運動を共に闘ったかつての教え子たちとの長湯温泉での慰労会などもあったが、ゆっくり振り返る間もなく新しい仕事に追われつづけた日々でもあった。

気を取り直してやっと講座109を起こすところまできたわけである。いよいよますます「斎藤教授学の必要性」を感じながら、「授業による学校改革」の必然性を思いながら、教頭としてはそこまで行く前の段階で忙しく過ごすしかなかったということである。

さて109からは本来の「斎藤教授学」の原点に立ち返って、「授業改革」「学校改革」の要諦を述べていきたい。この「斎藤教授学原典」の資料としては最高の書がある。それは小学館編集部の松本陽一氏などがまとめた『斎藤喜博の世界』（一莖書房刊）という本である。表紙にはこの本の内容を示す次のような記述がある。

〈本書は斎藤喜博の全著作から重要な文章、用語を選び出し、それを内容執筆年代にしたがって分類配列したものである。〉

さて、今回は次の一文に目が止まった。

> 教育は本来、市民運動、労働運動などとは質の違うものである。もちろん教師は労働運動とか、政治とか、歴史とか、芸術とかに絶えず目を向け、絶えず自分自身の無限の拡大と質の変革を心がけていなければならない。そういうことをしていなかったら、質の高い振幅の大きい授業などできるものではない。だが、教育は、もっと静かな弱い闘いだ。教材を使い、それと対決し、それを粘り強く落としていくという、静かな弱い闘いだ。〈『私の教師論』（斎藤喜博）〉

---

私はこの斎藤喜博の文章を以前に使ったことがある。それは、別府市の城島高原で行っていた県の教研城島集会の二十周年記念行事で音楽サークルの部長だった私が書いた脚本『今越え

る一つの歌』のナレーションの中に入れたことがある。このときのことはいずれ稿を改めて触れたいが、当日渡した私の脚本を見事に読み上げた県の若い書記の美しさに大変感動したりしたことも忘れられない思い出の一コマともなっているものである。

私は教頭になって少し思い上がっていたのかもしれないと改めてこの斎藤の文章を読んで反省する。「教師の闘いは静かな弱い闘い」なのに、ある意味で「大きな強い闘い」を挑もうとしたのではないかという反省である。「授業に帰れ」とも思う。

教頭はもちろん「校長の補佐、校務の整理」という仕事ではあるが、「必要に応じて児童の教育＝授業」もするのである。そこのところを忘れて（決して忘れたつもりはなかったが）結果的に「大物の闘い」を挑んで空しく砕け散ったのではないかとさえ思うのである。市民運動や労働運動に負けない戦いをしようとした節が有りはしないかと今静かに反省する。いささか具体論ではないがＨＰでは書けない具体もあったことはあったということである。

斎藤校長さえ「静かな弱い闘い」と自省しながらの闘いであった。私は所詮一介の教頭に過ぎない。授業をする若い先生方のサポーターとして、そして、時に自らも「親方の一時力」で授業をするものとしての「静かな弱い闘い」、を改めて始めなければならない。教頭は教頭として徹底して「静かな弱い闘い」を再戦するしかない。この闘いが敗戦であっても何ら悔いることはない。なぜならこの闘いこそ私の唯一の意味ある闘いであるからである。

## 浮薄な実践・学校って何？　◆講座*110*◆

『事実と創造』誌の最新号、二〇〇一年四月号の巻頭、「新たな時代に向けてのメッセージ」に次のような斎藤喜博の一文が載せてある。

---

実践

こういう時代にこそ教育をしっかりと考え、しっかり実践しなければならない。これはたれもが口にすることである。しかしわれわれは真にしっかり考え、しっかり実践しているであろうか。私は、最近の教育界とくに初等教育界において、浮薄な実践（それは実践に似て真の実践ではない。根本的な教育理念の正しい把握の不足というより皆無からくる実践行動のあやまりであり浅薄さである）、そういう安易な迎合的な浅薄な実践が教育界に幅をきかせていることに強く気がつく。〈『教室記』（『斎藤喜博全集〈一期Ⅰ〉国土社より）〉

この文章が書かれたのは戦前のことである。青年斎藤喜博が書いた文章である。しかし、今の時代にもあまりにもこの文章がぴったりあてはまって我々に迫ってくるから不思議である。

「こういう時代」という中身は今とは違うのであるが、言われていることは今にぴったりなのである。

今や「いじめ」「不登校＝学校拒否」「学級崩壊」「学校崩壊」「教育崩壊」ということで、教育界を覆う言葉は極限的にひどいものになってきている。現実の目の前の事実はそんなことはないし、少なくとも私の目の前にそのような事実はかけらもないのに、聞こえてくる状況はさらにエスカレートさえして、「学校民営化論」とか今流行の「学校不要論」まで聞くことが頻繁になってきている。

私の目の前の事実はともかく、学校の役割とか意義とかを根本から考え直すときにきているのかもしれない。わが国における近代教育は明治五年の学制発布以来百有余年、戦後の民主教育のスタートから見ても五十有余年ということで、新世紀になって、この際「学校のすべて」を疑ってみる必要はあるかもしれない。

本当に学校に行く価値はあるのか。学校の功罪を冷静に徹底的に問うてみる必要がありはしないか。たとえば「学校が無ければ」「いじめや不登校はなくなるのではないか」「学校さえなければ」「学歴社会もなくなるし」「子どもの自死」もなくなるというものまでいる。学校で起きる様々な問題や事故はこのところ膨大な件数に上るのであるが、それらは「学校制度の廃止」によって立ちどころに解消するというものまでいる。

一方で急激なＩＴ化によって、知識や情報の獲得は学校なんか行かなくとも家庭でパソコンで十分であるし、友達がほしければ、学校でなくてもどうにでもなる世の中である。

こう考えていくと、「学校不要論」「学校制度廃止論」がますます現実味を帯びてくるのであるが、何だかこういう論には無理というかこじつけとかを感ぜずにはおれない。学校って何？という基本的な問いをしながらも「学校は楽しい、子どもが生きられる所」に違いないということが私にとっては現実の話でもあるからである。

冒頭の斎藤喜博の文章はもちろんそういうことを言っているのではない。当時の戦前の教育界の付和雷同軽佻浮薄のことを言っているのであるが、私がこの戦前に書かれた文章が今にも当てはまるというのは、「生きる力」とか「生涯学習」とか「創造性」とか「総合的な学習」とか、かけ声ばかりで、実質的ではない今の教育界の現状のことも思うからである。

一方で「生きる力」に対応する言葉は「死ぬ力」なのだろうかとさえ思うことがある。まさか、葉隠れ武士道ではあるまいし「生きることは死ぬことなり。死ぬことが生きることなり」ということではないだろうとは思うが。

さらに教育界ほど権力に弱く流行に弱いところはないと思うが、そういう体質は戦前も戦後も変わっていないというべきである。あらゆる困難、大いなる苦渋が押し寄せているのであるが、そこを押し返し「希望あふれる新しい学校の有り様」というのを、真剣にまじめに考え取り組むときである。そのキーワードが「授業による学校の再生」であることはこの講座で繰り返し述べてきたが、小さな一つの事実＝授業の事実を何とか創り出していくしかないとも思う。

# 「勉学足りて礼節を知る」　◆講座*112*◆

「勉学足りて礼節を知る」ということを、私は言ってきた。この場合の「勉学」というのは、「本当の意味の学力＝文化財を教材としながら、その創造の過程を再創造することによって、一人ひとりの学習者につく人間としての力」のことであって、単にペーパーテストの成績とか、上級学校の試験に受かる力などという狭い意味の「学力」のことではないが。

子どもは本当に「学びたがっている」のである。そのことを、しかし、まっとうに全力を上げて受け止めている教師は意外と少ない。生活指導と教科指導を分けて考えたり、取り立てて「道徳指導」をしなければなどと言っている人の話を聞くと、「教科の学習だけでは限界がある」と本気で思っているようである。自らが、全力を上げてあらゆる手を尽くして教科指導に当たったのかという反省なしに安易にそう言っている傾向がある。

私の長い担任経験の中では、そういう「勉学足りて礼節を知る」ということが幾度となくあった。また、教頭になってからも子どもや若い教師にも同じような事実が生まれたりした。「子ども大人も『勉学足りて礼節を知る』ということである」と思わされることがあった。

ある学校のある一年生に代教に行ったことがある。担任の先生が休みを取ったので代わりに私が行った。教室に着くなり女の子がやって来て「私のビー玉を○○○さんが取った」と言って泣く。言われた○○○さんを呼んで話を聞くと、「これは私の家から持って来たんで、取っていない」と強く言う。そこへ他の女の子も来て「○○○さんがとるところを見たよ」と言うので再度確認すると、○○○さんは「ちがうよ。これは家のもの」と言って譲らない。○○○の強硬な意志とまわりの女の子などの話が平行線のようなので、ひとまず問題のビー玉一個は私が預かって「あとでね」とだけ言って授業に入った。

国語の授業だったが、授業の終わりにはその○○○さんも他の子も心の底から笑い出すような「楽しい」音読の学習だった。○○○さんも十分満足した顔をしていた。

授業が終わって、○○○さんを呼んで「国語おもしろかったね」と言うと、にっこり笑って「はい」とうなずくのへ間髪入れずに「このビー玉返そうね」と私が言うと、「私が自分で返す」と言う。私からビー玉を受け取ると、朝言ってきた女の子の側へ行って「ごめんね。これ返す」と言って頭をピョコリと下げた。私はその様子を見ながら、国語の授業で思いっきり満足したから出た行為であると思った。ほのぼのとし、うれしくなりながら、一年生のその教室を後にした。「勉学足りて礼節を知った」と思った。

また、教頭になって何年目かのある年、ある若い女の先生に「授業、いつでも言ってください。私が進められるところは進めるし、何でも……代教でも授業でもしますから」と言うと「いいえ、いいです。教頭さんに勝手に授業をやられると後が困りますから……」と険しい顔で言う。何か私へのかたくなな姿勢があると見て取れたので、その場は、もう何も私は言わなかったが、一年が立つ間にその先生は、私の一番の「信奉者」（他の先生からそう言われたと本人が私に言ったのだが……）になってしまった。（私自身は信奉されても困ると内心思ってはいたが）

他の学級の授業などに行った時など、その先生は職員室で他の先生にも「『清春ワールド』は『子どもが楽しむ世界だ』」と盛んに私のことをほめるようになったと言う。

どうしてこう変わったのか、その原因は、その人も言わないし、私もはっきりとは思い当たらないのだが、この人の場合は時間の経過の中で、言わば「ロングランの教頭の私から先生たちへのメッセージ（まあ授業と言ってもいいようなもの）」の中で、ある意味の「礼節」を知っていったのだと思う。それに、その前の学校での介入授業や同じ学校での他の先生方から頼まれてした代教のことなどを聞いていたに違いないとは思われる。（何しろこのＨＰ上にも介入授業などのことは実践記録として入れてあるから）

先の一年生でも、この女の先生でも、ビー玉一個やかたくなな姿勢や言動について、徹底して追及することはできたのであるが、それをしなかったのは、必ず「勉学（教師の場合は授業実践のことだが）足りれば解決することだ」という私の自信があったからである。今の様々な教育の問題は、実はこの「勉学足りて礼節を知る」という根幹のところを抜かしてやる対症療法からは、何一つ解決しないということを考えるべきだと思う。もちろんこの他にもたくさんの実例を私は持っているから言えることであるが。
学校存続の危機などという本質的な問題も「勉学の場」という存在理由から考えなければならない。「勉学足らせる」＝授業の再生だけが今の子どもと学校の危機を救うことができる。そしてそれがまさに「斎藤教授学」の真髄であり根本である。

## 「知覧再び」　◆講座114◆

今日はすでにお盆も過ぎて二〇〇一年八月十六日となっている。夏休みだというのに一ヵ月近くも更新ができなかった。職員旅行（東北方面）や家族との別府温泉行きや妻子との鹿児島知覧への旅行などもあったし、例年にない大変な猛暑、そして、ある意味で公事多端ということもあったことはあったが、あまり未更新の言い訳にはならない。また気を取り直して「週一更新」を目指したい。

本講座は、妻子と行った鹿児島知覧のことを書いてみたい。前に郡の教頭会の研修旅行で一度行っているので「知覧再び」ということである。

今年は特に小泉首相の靖国神社参拝問題とか作る会の教科書問題とかもあって、またあの戦争のことが大きく取り上げられているということはあるが、私たち親子の「知覧訪問」はそのこととは何ら関係はない。

二十四歳になる娘と二十歳になる息子に「知覧」を見せておきたいという気持ちからのことではあるが、私も妻も戦後の生まれであり、「戦争の事実は何も知らない世代」であるが、父母から話に聞く戦争のもう一つの事実「知覧」も見ておいてほしいという親としての強い願いだけだった。

鹿児島県知覧はご存じの方も多いと思われるが、第二次世界大戦、太平洋戦争末期の「特攻作戦」の前線基地であり、ここから二十歳前後の青年たちが沖縄海域のアメリカ軍の艦船への体当たりを行うために飛び立って行ったところである。

戦後、この特攻で死んだ若者たちを偲んで特攻平和会館が建設整備され、今日多くの人々がその遺品や遺影を目の当たりにして「戦争」と「平和」と「人間の生き様」に向き合うことができるようになっている。

今年は「ホタル」という特攻で死んだ人や朝鮮人の特攻兵の話が映画になっていることもあって、私たちが、特攻平和会館に着いた八月四日の昼前は、多くの参観者でごった返していた。じりじりと焼けるような暑い夏の日ざしの下を私たち四人は特攻平和会館への石灯籠に囲まれた道を歩いた。

私は、初めてここを訪れた五年前の五月の終わりのことも思い起こしていた。その教頭会の研修旅行の時は事前に、行ったことがあるという保護者から「特攻機の実物が館内にあって、その操縦席は人間一人がやっと入れるほどの空間で、手を出せばそこは空というほどのもので、そのことが何とも哀れであった」という話も聞いていたので、ただただ、「哀しくて空しくてやりきれない思い」だけが強烈に私を覆い尽くした。遺影や遺品そして遺書などもじっくり見るというよりは、特攻機の背景として細部よりは全体を見るということになったのではないかと思うほどであった。

館内に入る前に、妻と子どもたちには「一時間ぐらいで……それぞれ自由に見て」と話して入ったが、私はすぐに、中央ホールのような所に一団の参観者があってその人たちに「ホタルになって帰った特攻兵」の話を一人の老人が話しているのを一緒に聞いた。あの映画「ホタル」のモデルとなった特攻兵宮川三郎のことを話していた。宮川三郎が出撃する前の日に、特攻兵たちが日ごろよく出入りしていた鳥浜トメの経営する食堂に行って「明日出撃します。私は夜になったらホタルになって帰ってきますからね」と言ったという。その宮川が出撃した夜遅く本当にホタルが鳥浜トメの食堂に入って来たと言うエピソードである。

その話を終わりまで聞いて私は前回にも真っ先に見た特攻機の展示してあるところに移動しながら、「特攻」や「戦争」を決して美化したり感傷の世界に押し込めたりしてはならないと思った。しかし、特攻機の側に立って改めて操縦席を見てそのあまりの小ささ狭さに愕然とするほかはなかった。

そして今度はその陳列してある遺品や遺書や遺影を丹念に見て回った。無謀な特攻作戦の犠牲になったこれらの青年（中には少年もいた）の丹念で美しい遺書や手紙には心を打つものが多い。極限状況の中で彼らは、国策としての言葉だけでない自分の言葉を随所に挟んでその死と向き合っているのが如実にわかるものばかりだからである。

「一時間ぐらいで」と初めに言ったが、私もほぼ見終わったのが一時間は疾うに過ぎていた。妻も子どもたちもなかなか出ては来なかった。二時間近くたってやっと四人そろって特攻会館をあとにしたが、鹿児島市内のホテルへ向かう車中でも、特に感想を話し合うということはなかった。妻がぽつりと「本当に字がきれいで……」と言ったくらいであった。努めて他の話題にしているという赴きさえあった。

私は、心の中で「ホタル」という映画を夏休み中には見ておきたいと思った。

今年は、「八・一五」まで例年になく「戦争」「特攻」ということを耳にし目にする機会の多かった夏だが、その猛暑だけは依然として残しながらあっという間に盆まで過ぎてしまったのだと思ったりする今日である。

「ただ生きている」ということは何の喜びでもないが、「老い」をさえ意識するようになった私の心中に不思議な感懐も沸き起こった「知覧再び」であった。私としては自分らしく「生」と向き合うしかないと言う当たり前の、欲望のような、でも静かな感情の中で、行く夏の蝉の声、最期の鳴き声を聞いている。

〈付記〉

私の父後藤壽男は、第二次世界大戦（太平洋戦争）終結の日、一九四五年八月十五日、東京の近衛師団指令部の下士官（軍曹）であった。終戦を阻止しようとする青年将校に射殺された森赳《たけし》近衛師団長の遺体を皇居内の広場で部下とダビに付した本人である。

また母今朝子は、同じその年、まさに七月まで、女学校の学徒動員で北九州の小倉の軍需工場にいたが、空襲が激しくなり大分市の日岡に変わっていて終戦を知り、他の女学生たちと海に身を投じて死のうと話し合ったりしたともいう。

小倉はもともと広島の次の原爆投下対象の都市であったが、雲が空を覆っていたため、急遽次の候補地の長崎に落とされた。そして東京もまた第三の原爆投下対象都市として米政府米軍も決定していたが、その前に終戦になったという。五十八年前の私の両親にとっての幸運な偶然が、私の生命をもたらしたと思うと、改めてこのときの知覧の暑さと激しく鳴く蝉の声が思い起こされる。（二〇〇三年八月十日記）

## 「最後の清春学級」学級通信（一九九五・十二・五・上緒方小・三年）◆講座117◆

過去の担任時代の「学級通信」の掲載が続いているが、今回は、わたしのＨＰ上にもページがある「最後の清春学級」の学級通信。この中にもあるこの子どもたちの事実はあちこちでも書いているのだが、改めて読んでみると、子どもの短歌がよいと思う。三年生らしい子どもの魂そのものが歌になっている。この講座を読まれる方は、ぜひＨＰ中の「最後の清春学級」の項もリンク上で見てくれるとありがたい。またこの子どもたちの短歌作品は、私が事務局長をしている「白楊忌」の短歌コンクールでも最優秀賞を何人も取っているので、白楊関連のページでも散見できるはずである。

子どもたちは、現在（二〇〇一年）中学三年生になっている。前任校（緒方小）のときは、所用で中学校に行くこともあったので時々会って話すこともできた。しかし、転任して三重東小へ来てからはめったに会うこともできなくなってしまった。最近はメールで近況を報告してくれる子もいる。夏休みアメリカに行ってきた報告などもしてくれる子もいるが、最後の最後に、私がかつて「事実と創造」（第三十八号）に書いた「白鳥乱舞」のような子どもたちの、自由で主体的で意志に満ちた本質的な学級ができたと思った程の学級である。

大分県上緒方小学校
三年通信　第三巻
風さんが雲を運ぶよ　バスみたい　とうめいなバス　見たことないが　佐藤　実
一九九五・十二・五発行

「希望の授業」第二号から半年がすぎ、確かで豊かな子どもの成長の足跡……
二学期、「奇跡」の水泳・クロール、
全員二〇〇〇m達成……！！！
運動会の全力走の全員ベストタイム記録！
そして相次ぐ各賞の全員受賞！！！！！
各教科の授業への深い集中！！
「希望の授業」は現実に生まれた！！

十一月末になってしまって、息つく暇もなかった二学期の仕事、子どもの事実をまとめることもなくここにいたって総集編のように報告する破目になったことはまず保護者の方にお詫びしなければならない。

しかし、この間の子どもたちが出した事実については、胸を張って報告できるものである。「子どもの可能性」と言い続けて二十年余、今年も、いやこの二学期ほど、そのすさまじいまでの「子どもの力」をまざまざと見せられたことはないといってもけっしてオーバーではないくらいである。

この「希望の授業　三巻」では、その事実の概略の足跡を報告する特集号としたいが、しかし、概要でもあるし、言葉では伝え切れないものもあるので、それらについては、子どもから実際の証言を聞いてもらいたいものである。

二学期末のPTAのおりには、同和教育の視点も入れたオペレッタ「かさじぞう」の実際の発表とともに「『希望の授業』写真展」の写真なども掲示して見てもらいたいと思うのであるが、子どもの事実の総集編としてもこの「希望の授業」通信第三巻を読んでいただければ幸いである。

（九月）

二学期の冒頭、最後の水泳学習で、全員クロールでの二〇〇〇mを達成！！最後に到達した麻里さんが終わったのは、泳ぎ始めて二時間二十一分後の四時二十一分であった。

山中麻里さんの泳ぎは一〇〇〇mを過ぎるころから水泳専門の選手にも負けないくらいなめらかで、腕の回転の大きいキャッチのするどい、見ごとなまでの美しいフォームに変わっていった。

九・七「奇跡の子ども」の記念プレートは全員のサイン入りのものを教室の前の壁に貼ってある。この九・七事件が二学期のすべてのことを象徴することになった。

（十月）

運動会。全力走で全員ベストタイム記録。子どもの真剣な全力疾走の顔がこれほど美しいと思ったことはなかった。

（十一月）

音楽祭。今年は、郡の音楽祭まで出場。難しい合奏「ハンガリア舞曲」の十六分音符を八歳児や九歳児がここまでできるなんてという声も聞いた。

十月、十一月の間に様々なコンクールの結果も入る。郡、県の書き方、感想文、感想画、町のチビッ子童話祭、田能村竹田美術展、県ジュニア県美展……・ここまで全員が最低二点以上の入賞をなしとげた。コンクールの結果に一喜一憂することはないが、少なくとも、ひとりよがりでなく他の人（審査員）から認められたということは一定の評価とはしたい。しかも全員がなんらかの賞に入っていくということを大切にしなければならない。特定の子どもだけでなくみんなそろって伸びていく、それが我が「上小の芽を吹く子ら」の特徴である

十一月十八日、十九日、大分市の判田小学校で行われた第四十五次教育研究集会で、この九人の子どもたちは絶賛され（特に大分大の山岸治男教授は、九人の絵を見て、すべて全国レベルでしかもトップクラスだと激賞した）、私は来年二月に大阪で行われる予定の全国集会の県代表に選ばれた。

「上小の芽を吹く子」いよいよ全国に紹介することができるのである。国語、算数、社会、理科、体育、図工の九人の事実を！

明るく屈託がなく何の規制もない伸びやかなわが九人の自由で美しい姿そのもの、それ故にこそ開かれた可能性の事実をありのまま全国に紹介することができるのである。

## 子どもの短歌

「徳田白楊賞」短歌コンクールということもあって、子どもたちに短歌を作ってもらっている。どの作品にも子どもの個性が滲み出ている。味わって読んでもらいたい。小学三年生の短歌って全国でも初めてかもしれない。

「かさじぞう」の帰りに見る青空にすいこまれていくなんだかスーッと　沙穂里
北風が寒さをつれてやってくるきっとみんなと遊びたいんだ　沙穂里
鳥さんが「ちょっと来いよ」と鳴いている学校行くよとさけんで返す　奈緒美
花の色いろいろあって見つけるのがたいへんそうに見つめてるハチ　奈緒美
母さんが「はやくおふろに入りな」と言いながら上に上がっていくよ　伊都美
小鳥がね車のかがみをつんつんつつくお前はだれだとかがみに言って　伊都美
そうじきがうるさい音を立てているガタガッタンコガタガタガタコ　夕里江

紙飛行機とばすとすごい風に乗る風は飛行機のお父さん　夕里江
秋夜空月が一つに星たくさんブルーの空がおにあいだ　孝志
北風がぼくのせなかをおしてくるすもうみたいだまけないでいく　孝志
夕方の一番星が光ってる夕日といっしょにダンスをしてる　実
風さんがビュービュー鳴って笛みたいそれに合わせて歌うといいかも　実
いちょうの葉ぱらぱらちるよおもしろいいちょうようせい下りてきたのか　正也
徳田川にかもがすいすい泳いでるバタバタバッタ飛び上がり行く　正也
いのししが畑をあらし食べて行くただでやるからいうこときかな　早百合
柱時計昔からあるよボンボンと大きな声で時間知らせる　早百合
三日月が何だか空のブランコだ私も乗って遊びたいなあ　麻里
夕やけの星が何だかこんぺいとう天まで飛んで食べてみたいな　麻里

［編集後記］

今年もとうとう師走ということになってしまった。十一月の教育研究集会県集会に出て、見直したというか「教育の現場も何とかなるかもしれない」と思わされたことがあった。

それは、まだ若い何人かの教師が、私の発表した「かりがね絶唱」などのＶＴＲを見て感動のあまり涙をこぼしたという事実である。

「ふるさと三部作」というこのVTR、実は総時間二時間近いものを一五分に編集したものをかけたので、内容が理解できるのか不安もあったのだが、レポートのほうに全部の脚本を入れてあったのでそれを前もって読んでいたのかもしれないが、それにしても、無感動無気力官僚的管理主義と言われる若い先生たちの感性も実はまだまだ純粋な部分が残っているということを知った驚きである。

技術的にうまい優れたものなどということはない私の子どもたちのVTRの群読や合唱、しかし子どもの命の輝きが間違いなく見えるものだったと思う。教師や親、大人たちにそれを見て取れる柔軟性、感じる心があれば、子どもは救われるのだと思う。

あとの研究協議で大分郡の男の先生は、あからさまに涙をにじませながら質問した。「今受け持っておられる子どもの絵もすごいし、どういう指導というかテクニックではなくて、子どもをその気にさせるのはどうすればできるのでしょう。二〇〇〇m全員クロールで泳ぎ切る水泳とか、国語の『村の人口』の授業での子どもの発言や追求なんてそのへんの三年生と同じ子どもとは思えないくらいなんですが」と。

また、日田の女の先生は、「教育の仕事にこんな世界が現実にあるのを初めて知りました。ありがとうございました」と言ってやはり目を潤ませていた。何だか自慢話しみたいでおこがましいが、その先生たちの感受性に全く驚いたので敢えてここに紹介した。

## ◆講座120◆

# 二〇〇一年最終講座(大晦日の夜に)

〈埼玉の小松田克彦先生のこと〉

結局この講座も、ずいぶん更新しないできた。今日二〇〇一年十二月三十一日大晦日になって、「二〇〇一年最終講座」ということになってしまった。テレビではいつもと同じように「紅白」があり次々と「学芸会的な歌」が歌われている。

未更新の理由はいろいろあるが、ともかく想像を絶する繁忙と正直言って「意欲の減退」もあったことはあった。もちろん「斎藤教授学」のますますの必要性と必然性を強く感じながら、それだからこそなお「更新意欲」湧かずうっちゃってしまったということである。もう少し時間が経って、事態が落ち着いてから、この間の「状況と思い」についてはこの講座の中でいつの日か詳しく触れたいと思うが、当面当分はそのことは置いておきたい。

この間にショッキングな情報も幾つか知ったのであるが、中でも埼玉時代の先輩の小松田克彦さんの病死(昨年のことという)をこの師走になって一莖書房の「事実と創造」の記事で知り、その一莖書房の斎藤草子さんにも電話で確認したら昨年亡くなっているというのである。

何と言うことであろう。今ごろになって知るとは……。

小松田さんは私が埼玉県八潮市立第二小学校に県外派遣で勤めていたとき隣の八潮第三小にいて、その当時から斎藤喜博先生の自宅での「第三日曜の会」にも参加されていて、ユニークな実践をされていたのであるが、その頃一度私は小松田さんとある学校の研究会（確か体育の研究校だったか）に一緒に二人で行ったことがあった。そのとき彼は、あるクラスで、笛を吹きながら行間体育の指導をしている教室で「ここは指導がないですね」と言い、ある、ざわざわしながら先生が必死になって子どもに指示をしているクラスでは「ここはいいですね。子どもがいい顔をしている」と言う。当時の私はまだ「斎藤教授学以前」だったからその彼の批評は私の感想とは正反対だったことだけを強烈に覚えている。

その後、私が大分に帰って「斎藤教授学」の実践を始めて、「教授学研究の会」の全国公開などで、ときたま小松田さんにも会って多少の話をする機会もあったが、どちらかというと、遠くから九州の山の中から、小松田さんの活躍を憧れのように見ていたというのが本当のところであった。とりわけ私が大分県大野町の東部小学校で子どもや保護者、教師と「光りあふれよふるさとの大地よ」という郡読合唱を実践したときには、お母さんたちの合唱のメインの曲として小松田さんの「白い雲」を取り上げたりした。

小松田さんは「管理職の道」には進まず「実践者の道」をまっとうされたのであるが、まさしく「道半ば」にたおれたのである。その胸中無念の極みと思うと暗澹とするばかりである。

今その「白い雲」の一節を心に思いながら、遅ればせながら本当にご冥福をお祈りしたい。

白い雲　　　　　　　　小松田克彦

白い雲は　飛んで行くよ
ゆったりゆったり飛んで行くよ　飛んで行くよ
あの山を越え　あの丘を越えはるか遠くへ
ぼくと私の夢のせて
白い雲は　飛んで行くよ
ゆったりゆったり飛んで行くよ　飛んで行くよ

九月十一日のアメリカのWTCのテロによる崩壊に象徴される「アメリカ一極支配の世界の崩壊」という状況の中での二〇〇一年の終わりであるが、私はそういう大きな状況にとらわれずに地道に「小さな教育という世界」の中で「事実」を一つずつ地道に積み上げていくしかないという思いも強くある。もちろんその小さな「教育の世界の状況」もますます良くない方向へと向かいつつあるというのも実感であるが、「私は私らしく未来に生きる子どもや教師たちとあくまで本物の実践」を追究したいと思う。

## 校長として（二〇〇二年四月）◆講座*121*◆

今日は二〇〇二年四月十一日。私は三重東小学校から転任（昇進も）して、大分県野津町立戸上（とのうえ）小学校の校長室にいる。「校長」になった。

この間、三重東小学校教頭の仕事のこともこの講座に書きたいと思ってきたが、今日に至ってしまった。今改めて、三重東小の事実を書くことよりも、新しい学校での、しかも校長としての「学校づくり」「授業づくり」をどうするかということの方に大きく関心が向かっていくのは仕方のないことかもしれない。

それにしても、三重東小の子どもたちや保護者、とりわけ育友会（ＰＴＡ的な組織）の役員の方などには言葉に尽くせぬ友情と支持・激励・応援をいただいて支えてもらったことも確かなことである。特に、三学期、三重東小の子どもたちは私のことを本当に大切にしてくれ、また愛してもくれた。

六年生や一年生までもが、昼休みになると「教頭先生、遊ぼう」と言って私を迎えに来てくれた。また、校庭の芝に座って、昼休み中、子どもたちとおしゃべりを楽しんだりした。またあるときはドッジボールをしたり一輪車をしたりブランコをしたりして遊んだ。

子どもたちは「ずっとこのまま教頭先生といたいよね」とか「中学校まで一緒に来るといいなあ」とか「一年生はまだ教頭先生といられるけど私たち六年生はもうすぐ卒業なんで、今日は六年生の方に教頭先生来て」とか、かわいく言うのだった。そんなときの、三重東小の子どものやわらかい明るい表情は、本当に輝くようで、まばゆいほど美しかった。

保護者や育友会役員も「教頭先生がこのまま校長になって残ってくれるのが一番よいのだけど……」などとも言ってくれた。よくあるリップサービス社交辞令と言えばそれまでだが、涙が出るほどうれしくありがたかったというのが本当の気持ちである。

最後は、「昇進して転任」ということもあって、私の離任は温かく見守ってもらったが、今はただただ感謝の思いでいっぱいである。大先輩の教育長や校長などから折にふれてかけられた激励の言葉とともに、こういう多くの方の支えや、友情、愛情があって今日があるということを決して忘れることはないであろう。

昨日、わが戸上小学校では、第五十六回入学式が行われた。新一年生は三名であり、これで全校児童五六名がそろったわけである。また明日は併設している戸上幼稚園の入園式もある。こちらは七名の新入園児があり、園長でもある私は、幼小合わせて六十三名の児童・園児、そして十二名の教職員を預かるということになる。責任の大きさと重さ、日に日に実感となっているが、まだ半分「教頭」のような気分もあって、複雑でもある。だが、今の「初心」いつまでも大切にしなければならないとも思う。

かつて、斎藤喜博は「若い教師の教師生命を託されている責任が校長にはある」と言った。子どもに無限の可能性があるように、一人ひとりの教職員にも皆すべて、教職員としての、人間としての限り無い可能性がある。

職員は前からの人がほとんどであり、いろいろ教えてもらいながら、「戸上小の新しい学校づくり」を進めていきたいと思っている。

「校長になるのが目標ではない、校長になってやりたい目標があるのだ」と若いころから折に触れて言っては、時に顰蹙さえ買ってきたが、いよいよそのことを実証すべきときがきた。定年まであと六年。時間が少ないという気持ちもあるが、六年もあるのだとも思う。

「子どもが本心から喜ぶ学校、遊ぶことも学ぶことも働くこともおもいっきり楽しめる学校」……そんな「学校づくりの記」の、きっとたどたどしいに違いないその一歩一歩を記していきたいと思うばかりである。


右の文章を打ってまた一ケ月が経ってしまった。教頭職と比べれば事務量などは全然減ったのであるが、校地内の環境整備とか蓄積（？）されてきた不燃物粗大ゴミの廃棄とか、やはり六年間の教頭癖がぬけ切れないのか毎日結構慌ただしくしてきた。

それに何より「出張」が多い。とにかく一日学校にいるというのがほとんどない。校長会とか○○総会が連日である。

そして実はPC不調で、というか容量いっぱいで、起動も遅くなっていたので、メモリーの容量アップと外付けハードディスクをということで業者に出していた。そのためHPも一応閉鎖していたから「どうせ更新はまだしなくてもよい」という気持ちもあったことはあった。しかし最近五月十三日になって、メモリーだけは増やしたが、ハードディスク外付けは内蔵ディスクをいったん空にしなければ難しいということで、とにかくPC本体は帰ってきた。そこで慌ててHPも再開したところで、「講座」だけでも更新しなければならないというわけで、四月に打った文章の続きを打つということになった。別途「校長室独言」のようなコーナーも起こすつもりであるが、この講座は次回からまた、「斎藤教授学」にかかわって様々な「事実の断片（エピソード）」を綴っていきたい。

## 校長の仕事（一つの宣言として）　◆講座122◆

結局HPの大幅刷新は今はちょっと無理なようなので（ハード的にもソフト的にも）、ひとまず現状の中での更新をしたい。というわけでこの講座ぐらいはとキーを打っている。

今回のテーマは校長の仕事あるいはあり方ということで次のような斎藤喜博の文章が目に入

ったので「校長はどうあるべきか」という論。

うちの先生方にもコピーして差し上げた次のような斎藤喜博の文章が今の私の心を強く捉えている。「後藤清春校長出発の辞」という意気がりもある。決意でもあり実感でもある。また一つの私なりの宣言でもある。

## 私の基本的考え方として

もともと教育が好きであり、教師としてのまた校長としての本質的な仕事をしようと心の底ではねがっている校長が、自分のねがいとは逆に、教師や子どもの事実から目をそむけ、事務屋になったり、渉外係になったり、形式的な監督者になったりして、教師や子どもを駄目にしてしまっているのは、やはり校長が力を持たず、校長としての実践力を持っていないからである。それとともに、どんな思いでもして、校長としての本質的な仕事を守り学校教育の本質を守ろうとしていないからである。

いまの日本では、校長に本当に力がなく、実践力がなく、校長としての本務を守ろうとする強い姿勢や意志がないかぎり、個人としてどんなに善意を持ち良心を持っている校長であっても、本質的な仕事を守り、学校教育としての本質的な仕事をすることなどできない。たちまち教師でなく事務屋にされ、いやしい管理者・監督者にさせられてしまう。そ

ういう力が、いまは強く校長をとりまいているのだ。(中略)
学校はどこまでも子どものためにあるものである。一人一人の子どもたちが、それぞれの力を十分に引き出され、満ち足りていくようにしていくところが学校であり、校長や教師の責任であり、義務である。そのためには学校の校長や教師は、その学校にいる具体的な一人一人の子どもの事実に目を向け、その子どもたちのためにもっともよい方法を考え出してつくり出していかなければならないのである。行政側も、また親たちも、そういう子どもの事実に目を向け、どうやったときに子どもがよくなるか、またよくなったかを学校と一緒になって考えていかなければならないのである。
そういう仕事の中心になり具体的な仕事をしていくのは、学校においては校長である。したがって国とか教育行政者とかは、どこまでも実質的な教育の仕事において学校なり校長なり教師なりに責任を負わせ、また自由と権限を持たせ、それぞれの学校なり校長なりが、創造的な独自の仕事のできるようにしていかなければならない。
〈斎藤喜博『授業をつくる仕事』(一莖書房)の中の「校長としての仕事」の項より〉

---

ここには覚悟がある。こだわりがある。学校教育としての本質を守るという決意がある。私が若い頃から折にふれて言っていた「学校の再生」とか「授業による学校革命」とかまでつながる宣言と言ってもいいものである。

まずここからのスタートという意味がある。あとはどんなにたどたどしかろうと、稚拙であろうと、この一点さえ見失わなければ間違いはないとさえ思うものである。

具体的な一つひとつの実践の中でこの宣言が生かされ実現されていったとき、「小さな事実の中から学校の再生」が果たされていくであろう。

一つの、私後藤清春の「校長としての原点」としてあえて講座としここに記す。初心を忘れそうになったり、この基本を踏み外しそうになったり、あるいは圧力や妨害の中でたじろいだときに必ず読み返す講座としたい。

二〇〇二年六月四日、今日はあたかもFIFAワールドカップKOREA&JAPAN日本の初戦である対ベルギー戦の日である。このところの一ヶ月も早い炎暑の真昼。運動場の土も焼けている。一雨ほしい日である。

## 二〇〇二年夏あれこれ　◆講座*124*◆

前回から一ヶ月以上が経った。今日は二〇〇二年八月二十日。この間のトピック的なものを記すとともに今後の予定などで講座としたい。

校長としての一学期は無我夢中で過ぎたという感じであったが、教頭を初め先生方の温かい強力なサポートで予想以上の学校づくりのスタートを切ることができたというのが実感である。

何と言っても「清春流の学校づくりの基本方針を明確に打ち出し、それに沿った学校経営となった」ということが大きい。自己評価はそういうことであるが、もちろん当事者である子どもたちや保護者地域の評価はこれからであり手放しでというわけにはいかないのはもちろんであるが……さらに、清春流学校づくりの中心である「授業による学校革命」という面から見るとまだまだということははっきりしている。これは校長である私自身の「働きかけ」「介入」の不十分さということがある。しかし「授業以前」も大切にしなければならないという思いも一方にある。

「授業」が、やはりこれからの中心的課題ということになるが焦ってはならないという気持ちも強い。先生方が授業者であるという大原点を見失ってはならないからである。

さて、夏季研修休業に入ってすぐに「職員研修旅行屋久島行き」というのがあった。どうしても都合のつかない二名を除く十一名での屋久島への旅は、現地のホテルでの還暦の先生へのお祝い会も挟みながら大変に有意義なものとなった。台風直撃ということもあったが、本場の台風の風も体験できたし、予定していた旅程のほとんどをこなした。

私自身は三度目の屋久島だったが、世界遺産の屋久島の自然をあらためて目の当たりにすることができた。

八月二日には大分県小学校国語教育夏季研究会へ出た。私は郡の小学校国語部会長でもあり、郡内の先生方に呼びかける立場でもあったのであるが、久しぶりの参加であった。かつて私がまだ教諭時代に何度も参加していた別府の白雲山荘というホテルでの一泊二日の合宿研を、最近泊をともなうと参加者が少ないので一日研にしたというものであるが、行ってみると百名を超すような参加者であった。冷房のきかない附属小の体育館での全体会には閉口したが、会場を隣の市の西部公民館に移しての分科会では、私は助言者だった。

この分科会も三つある中で最大の参加者の五十名近い人数がいた。私は「聞く・話す」というその分科会の中で次のような話をした。

「江戸時代以来、聞くことのみを要求されて、話すことを禁じられてきた日本人の後遺症がまだ払拭できていない現状がある。今度の教育改革を機に、私たちは、大きくその表現するという世界への転換を図らねばならない。」

「日本では明治以降も〈スピーチ〉が〈演説〉となったという弱点もある。〈対話〉とか〈討論〉とかに弱いのである。そういう訓練を学校でもしなければならない。原稿なしで要点をぽんと話せる子どもたちをつくっていく必要がある。」

「今日の発表者の報告も、その授業の内容も、報告の仕方も、まだ困ったときの紙（神）頼みになっている。」

「〈話す〉あるいは〈表現〉ということを中心に据えた学校の教育改革を具体化して、その成果なり途中経過を公開していくということが大切である。発表者が保護者を対象に子どもの話を公開したということが重要である。さらには、〈学校公開〉ということもこれからは視野に入れる必要がある。」

「学校公開」というところで、その分科会に私と同じ大野郡から来ていた二人の若い先生がにやりとした。「清春流を言っている」と思ったのだろう。

その夜実はその二人の先生と夕食会をしたのでそのことを言うとその通りであった。遅くまで久しぶりの再会の話で私は酩酊してしまったが……。

八月六日、町の校長会。夜はその懇親会で久住高原のホテルへ。翌日は歩いて久住町まで出たりした。（実は歩いて家まで二十五キロを歩こうと思って出発したのだがあまりの暑さで久住町まで帰省中の大学生の長男に迎えに来てもらった。）

この間、出勤の日は必ず、グランド整備と校地の草刈り作業をした。これは教頭と手分けをして決めてあったことで、夏季休業中だからと言ってグランドは草の伸び放題、校地の草はそのままというのでなく、現時点では（外周りの校務員さんが配置されていないという現状）、管理職の仕事として、いつ卒業生や来客があってもおかしくないようにしておこうという私の方針でもあった。「自助努力」の一つでもあり、八月二十五日に予定されている親子作業にすべてを任せて、校長室や職員室の涼しいところから荒れ放題の校地を見ているというようなことは絶対にあってはならないというのが私の校長としての基本的な考え方である。

# HP開設三周年記念「遺言集として？」◆講座*128*◆

今日は二〇〇二年十月二十日。実はこのホームページ立ち上げが一九九九年十月二十日なので、何と今日が、わがHP「後藤清春の仕事部屋」開設三周年の記念日ということである。

そこでまあ、この講座中心のHPでもあり、三周年のよもやまを綴って講座128とする。

一九九九年と言えば私は緒方小の教頭一年目のときであるが、実はHP開設を目的にパソコンを購入したのは、そしてパソコンを習い始めたのは、その前年清川村立北小時代であった。時の校長森本美文先生に手ほどきを受けながら、すでにこの北小時代に今のホームページの骨格はほぼできていた。

そして、緒方工業高校の向井智章先生にも教えてもらいながら初めて転送したのが一九九九年十月二十日ということである。

北小の関係のページを今読むと本当に懐かしいし、教頭二年目であるが、十分「清春流学校づくり」をさせてもらっていたと思う。このことはもちろん森本校長の大きな心によるのであるが、先生方もよく理解してくれていたということでもある。この年に限らず私は、大体後から振り返ると、いつも多くの人の陰陽の応援支援によって、支えられてきたとは思うのであるが……。

ＨＰ転送の前に、インターネットはつながっており、北小時代に「教育を語ろう」というページに投稿したのがこの「斎藤教授学講座」開設のきっかけであった。

今はもうそのサイトはないようであるが、「加藤由美子」さんとか「まこと」さんとか「ダイスケさん」とか何人かの投稿仲間もできて結構面白かった。今の若い人も「斎藤喜博」のことを理解できる人もいると思ったりしたのだった。まあ私も初めてのネット投稿にかなり大胆な内容を出したりしたが、今思うと初心者ゆえに猪突猛進でもあった。

母校緒方小の教頭も二年したが、ここでの講座もほとんどは学校の事実というより、斎藤教授学をどう読むかという内容のものが多くなった。その後の三重東小学校ではますますその傾向は強くなったが、やむをえないことでもある。「守秘義務」もあり、書けないことも多いというのが率直な本音であるが、この間にけっこう「講座」は充実したとも言える。群馬の「上州風」という季刊誌にこの講座のことが取り上げられたりしたのもこの間のことであった。

三年間で現在五七六三二件アクセス数ということになっている。半分は自分で行ったものだが、少なくとも二万件以上は他の人が見てくれたものである。ある意味では地味な、しかもかなり硬い内容にしては良く見てもらったとも思う。

緒方小の若い仲間には「まあ私の遺言集のようなもんです。そのうちひまを見つけて見てくださいよ」なんてよく言ったが、現職としては残り少なくなったわけで、そういう意味もますます大きくなっているが、私の性分として「暖簾をたたむ」まではこの講座は連載しつづ続けるし、あくまで「斎藤喜博の求めたものを我が学校に実現していく」という固い信念は微動だにしない。苦労の連続ではあるが、その苦労を楽しんでいきたい。

三周年記念の講座にしてはあまり内容のないものになったが、最後に斎藤喜博の文章を引く。

学校というところは、質の高さによって子どもたちを充足させ満足させ、通俗的な俗悪なものを消し去り、子どもたちの美しいものを引き出し、結晶させ、定着させてやらなければならないところである。質の高いものを与え、それを追求させ克服させることによって、質の高いきびしい子どもをつくっていかなければならないところである。そういう仕事を授業のなかでやらなければならないところである。(『私の授業観』明治図書)

## 「人を恐れず自分を大事にする子ども」(校長としての反省・課題) ◆講座*130*◆

すでに師走となっている。白楊月《づき》も始まっており、また学校の仕事も、県金融広報委員会の指定研究会は済んだが、いよいよ本番という感じにもなっている。書斎の本棚の『斎藤喜博の世界』（松本陽一・高橋嘉明編・一莖書房刊）を久しぶりに手にとってぱらぱらめくっていくと次のような文章に出会って、改めて今の私の仕事を振り返ることになった。「私の学校づくり」はこういう方向だった。忙しさとか相次ぐ出張とかに取り紛れて忘れてはいなかったかと反省するために、噛み締めなければならない文章である。したがって今回の講座は、この斎藤喜博の文章をめぐっての講座とする。

私たちの学校では、先生たちが、子どもたちを叱ったり罰したりすることがない。学校には、子どもたちを縛る何の規則もない。評点のついた通信簿もないし、先生たちが、子どもの欠点を父母に話すということもない。そういう暖かい空気の中で、教師も子どもたちも、お互いに助け合い励ましあいながら、自分たちに力をつけ、より楽しい高い学習や生活ができるようにしようとしている。

だから子どもたちは先生を恐れない。上級生も恐れない。授業を見にきた人たちにも気軽に話し掛けたり、質問したりする。職員室へもどんどん遊びに入ってくるし、お客様がくると、喜んで迎え、話し掛けたり一緒に遊んだりする。

私たちは、人を恐れないで、人に親しむ子どもを、そして自分を大事にするとともに、人をも大事にする子どもを創りたいと思ってきた。自分を大事にするということは、自己中心で、他はどうでも良いというのではなく、自分の感動を大事にし、自分の考えや、悩みや喜びを大事に育てていくという人間にすることだ。自分の姿勢や言葉を美しくするということも、それは自分を大事にし、自分を美しく育てていきたいという願いから出発する。

そういう考えに立つ人間は、当然他人をも大事にする。自分を大事にするという体験は、自分を良く見つめることだから、それは当然他人を見つめ、他人の良さとか、値打ちとかを発見し、大切にすることのできる人間になる。私は、自分をさえ大事にできない人間に、他人を大事にするなどということができるはずがないと思っている。そして、そういうものは、人との接触によって育つし、具体的な人との接触は学校では教科の学習によって進められていく中にある。(『私の授業観』)

---

ここには斎藤喜博の教育観・人間観がそのまま表現されている。そしてこの一つの思想こそが、私が斎藤喜博に学び続ける所以である。私もそういう学校を現実のものにするために「校長」となったとさえ思う。右の斎藤喜博の考えは決して「理想論」ではなく、まさにその「島小・境小」の、つまりは斎藤校長の学校の、ゆるぎなき「現実」である。

我が友、哲学者の岩田憲明さんが送ってくれた次のようなメールの心ある励ましの言葉に甘んじることなく、これからこそ「後藤清春の学校づくり」をいよいよ「顔ひん曲がる思い」をしてでも、少しでも現実のものにしなければならない。講座122にいつも立ち返らなければならない。そのために他の学校長や本校の先生方、そして保護者地域の人々の声もしっかり聞き取らなければならない。まだ、やっと「学校革命」は始まったばかりである。

---

岩田さんのメール（二〇〇二・一二・二）

さて、今回は先月大分県野津町にある戸上小学校で開かれた金銭教育に関する研究会についてご報告します。地域通貨の研究をしていることもあって、知り合いの戸上小の校長先生に誘われて、生まれて初めて小学校の研究会に出席しました。金銭教育というのは、お金の大切さを自覚させると共に、お金の仕組みを通して社会を理解しようとする教育のことです。普通この種の教育事業は文部科学省の管轄なのですが、金銭ということもあって財務省のお金でこの教育事業がなされています。このように聞くと、町に出て社会勉強をしたり家計簿をつけたりということを想像するのですが、戸上小は田舎の小学校ということもあって、自分で何かを育て作ることによって物の大切さを自覚させる体験学習に主眼が置かれていました。指導案の中にはお店ごっこなどもありましたが、低学年中学年の子どもたちはイチゴの栽培、五年生はEMなどの有機栽培の研究、六年生は豆腐づくりの発表をしていました。私が見た研究授業は四年生の紙づくりの授業でした。すでに植物からとった材料を砕いて準備がなされた段階で、これから紙すきをするところが公開されました。小さな学校ですので、授業をする側よりもそれを見る側の方が多い状態でしたが、研究授業のための堅苦しさもなく、ごく自然に授業がなされていました。出来たのは、ふぐの照焼きかスルメの干物のようなものでしたが、自分の手で試行錯誤しながら何かを作る現場を久しぶりに見た感じがし、好感が持てました。

今回、実際に戸上小学校に行って感じたのは、大人の方こそ子どもたちに学ぶべきものを多く持っているということです。たまたま「金銭教育」が今回のテーマでしたが、本当に金銭教育が必要なのは誰でしょうか。多くの若者は「お金さえあれば」と思い携帯を持って街中を遊び歩いています。また、地位の高い中高年の人々の多くは、かつてバブルに浮かれ不良債権の山を自分の子どもたちに残そうとしています。政治に目を向ければ、多くの政治家や有権者は政治を利権の道具と見なし、いたずらに公共事業を重ね、これもまた子どもたちに国債という借金を残しています。豊田商事以来、高齢者を的にした詐欺事件があとを絶たないことを思えば、日本人の誰もが金銭教育と無縁であるとはいえないでしょう。私にはごく自然にもの作りに取り組んでいる子どもたちの方がはるかに大人たちよりもまともに思えました。

お金というのは便利な道具です。「金さえあれば」いつの間にか物事は誰かの手によって知らないうちに解決されてしまいます。しかし、そのお金の便利さがお金の背後にある人の苦労や自然の恵みを見えにくくしています。お金も自然も、循環することによって、人を生かし自らを生かしているのですが、その循環が断ち切られ、現代人の多くは自分の周りの部分だけしか目に入らない生活に陥っています。今回の戸上小の教育実践は体験教育を中心にしたものでしたが、野津の自然を生かした有意義なものであったと思います。

---

あせることはないが、しかし堅実に目の前の具体的な事実から目をそむけることなく、そして先生方と力を合わせて「自分を見失わない仕事」を一つずつ丁寧に積み上げていくしかない。師走に入って「小春日和」が続いて暖かかったが、今日は午後から冷たい雨が降り続いている。今、夜十時過ぎ。ストーブの音、テレビの声を掻き消すように雨の音がしている。

## 子どもの歌集『子どもの世界だ』から　◆講座*131*◆

斎藤教授学に立つ「学校づくり」や「授業づくり」の輪が全国各地に生まれている（続いていると言ったほうが良いかもしれないが）のをインターネット上で知った。「教授学研究の会」もまだ健在だし、京都や東京、そして関東中部などでの「授業研究の会」の活動なり実践はものすごいレベルの高さを実現している。心強い限りである。また秋田大附属小の公開もある。今年は公立の公開校を聞かないのはさびしいが、いずれ各地の輪の中から公開校も陸続と生まれるに違いないと思う。今の「教育改革」はそういう意味ではチャンスと言ってもいいと思う。

そもそも「総合的学習」とか「生きる力」とかは、斎藤喜博校長が指揮をとった「島小」「境小」に習っているものと私は思う。最も言葉どおりであり本質的な実践が「島小」「境小」である。

ところで、一方でそう言う「学校づくり」や「授業づくり」を放棄したのではないかと思われるような学校も、実は全国的には多数を占めているのかもしれないという実情もあることはあるが。

わが戸上小学校は、少なくとも、確かな「学校づくり」「授業づくり」の道に立っていることだけは間違いない。校長である私の指導力不足のために問題はその仕事の事実がまだ低い次元であり、弱いレベルのところにあるということである。そのことをどれだけシビアに自覚できるかが今後の実践の展開にかかわるところである。そういう観点からこれまでの反省と三学期来年度への展望を話し合っていきたいと校長として私は思っている。

しかし今度出した、私の指導編集による『子どもの世界だ』という子どもの短歌集は、その現在の戸上の子どものあるがままの現実を読みとることができると同時に、斎藤教授学に立つ「学校づくり」への萌芽を読み取ることもできるものである。全校児童五十八名二六七首の歌は、素朴であり荒削りであり、ある意味稚拙でもあるが、本来の子どもらしいよさと同時にそういう可能性を多く秘めたものになっていると思う。これからこそが、いよいよ本当の斎藤教授学の実践となることを心に深くはっきりと持って子ども、教職員と進まねばならない。

ひるやすみふりすびーしたよくとんだかぜがふいたらかぜにのったよ
いもほりだわたしのかおよりおおきいよびっくりしたよしゃしんをとった
べんきょうでしゃしんかざりをつくったよまわりにおはなをかざったんだよ
コスモスがかぜにゆらゆらゆれてきもちよさそうちょうちょがみつをすいにくる
コスモスがかぜにゆらゆらゆれているわたしものってゆれてみたいな
こすもすがかぜにそわそわゆれているはちもみつのみそらやってきた
くうきをつかまえてあそんだよたのしかったよりかのじかんたいいくかんで
トランプでばばぬきをしてまけちゃったバツゲームお母さんのお手伝い
弟のねごとに声をかけましたお返しの声なんにもないが
窓の外すずしい風が入ってくるよみんなの習字紙ゆられているよ
休みの日家の手伝いイチゴの世話早く学校で体育をしたい
そよ風がぼくの体にふいてくる気持ちがいいなもっと強くふけ
魚つり魚がヒットうきがピピ糸が切れたよざんねんだった
外見れば山に木々たちいっぱいだ空に囲まれどんどんのびる
雲のない青空広がる窓の外鳥が飛んだよ柿の実もうれ

朝おきて外に出てみたらサルがいた始めてみたよてんねんのサル
川の水少しも休まず流れるよ魚もゆっくり泳いでいるよ
燃えている炎のようなもみじだよ熱くはないけど真っ赤なもみじ
空に雲風が吹いて木々もゆれ今にも折れそう山じゅうの竹
鳥が羽を広げて飛んでいる私も飛びたい一羽遅れてもいいから

**資料5　「自然の中で生きる子どものための学校づくり」**（光文書院「子どもの道徳」中「学校大好き」に寄稿した文章）二〇〇三年九月号

自然の中で生きる子どものための学校づくり

大分県野津町立戸上《とのうえ》小学校・幼稚園　校長（園長）　後藤清春

◇カザグルマの花の咲く学校◇

東九州を縦断する国道十号線で、大分市から犬飼町を抜けて野津町に入ってすぐの所に野津町立戸上小学校（幼稚園）がある。長い歴史と伝統ある学校（幼稚園）だが大幅な児童数園児数減で、本年度は小学校児童数四十九名、幼稚園七名という極小規模校（園）となっている。

昨年度新任校長として着任した私は、前からいる先生方に「春の終わりにはカザグルマの花が咲くし、自然がいっぱいで人心も温かくとってもいい所です」と教えてもらった。

「属名クレマチス」でその文字通り「風車状」に白く可憐に咲いた「カザグルマの花」を見ながら「ここで子どもたちの心にもいっぱい美しい花を咲かせなければならない」などと思ったりした。以来

「金銭教育」（昨年度県の指定）や各教科での「授業を中核に据えた学校づくり」を進めている。今年度は算数科を中心に校内研や日常の授業で子どもの学力を高める実践をしている。

◇校長の授業「短歌創作」◇

私の住んでいる大分県緒方町出身の夭折の天才歌人徳田白楊の顕彰の会白楊会で事務局長もしている私は、教諭時代はもちろん教頭時代も「短歌創作」の指導をしてきた。校長となった本校でも、各学年で「短歌を作る」授業をしてきた。「戸上の自然をよく見つめ、友だちや自分の生活、そして周りの大人も含めた人々の生活」を自分らしい率直な言葉で表現してもらった。その中から昨年度は、子どもたちの短歌を集めて二冊の歌集を刊行することもできた。『子どもの世界だ』と『春を呼ぶ子どもの歌』である。

本年度は学校のすぐ側の国道十号線に架かる新しい戸上橋に国土交通省の計らいで全校児童四十九名の短歌を刻んだ白銅板を嵌め込んで残すということになった。次にその作品を紹介する。（竣工は本年九月の予定）

◇子どもの短歌作品◇

一年

○きんぎょさんみずがにごってかわいそうでもげんきだよかわいいきんぎょ　赤峯　由梨
○こいをみてびっくりしたよあかとしろいしのしたのかげにいたよ　川野慎之介
○すいかさんはやくおおきくなってよねつるがのびたよおおきくなあれ　後藤　佳佑
○みにとまとうすいおれんじすこしすきうちにもあるよかぞくでたべる　後藤　璃衣

○みにとまとみどりとおれんじおいしそうちょっとおれんじちょっときみどり　寺嶋　葵
○あじさいのいろがきれいだあおいろとぴんくもあるよひとつひとつのはな　荘田　千夏
○かぶとむしかっこよかったしんちゃんのぼくもかっこいいかぶとかいたい　佐藤　大地
○あさがおはやくさいてねわたしのはなもうちょっとでさくたのしみにする　佐藤　絢音

二年

○ずこうのときすとろーつかってえをかいたおかいものをするうれしそうなえ　赤嶺　利紗
○やもりくんぼくのしんゆうかわいいなぼくみたいだなかおがにてるよ　亀井　俊克
○きょうプールつめたいみすがいっぱいだこごえそうだよでもきもちいい　内藤　誠人

三年

○体育で一年二年とあそんだよゆうぐをしたよ楽しかったよ　佐藤　竜星
○ばあちゃんとオムライス作りばあちゃんが手つだってくれてうまくできたよ　村上　渉
○いちょうの木風にふかれてゆれてたよなにかおどっているようだった　堀　真彰
○雨上がりいものなえうえ三年目わたしはなえを二本うえたよ　後藤　華彩
○集会でいもうえをしたまあ君と話をしたりなえもうえたり　竹尾　茉由
○体育で一年のときはうんていができなっかったけど今は一本二本ぬかせるよ　廣末　康貴

四年

○夏の星彦星織り姫天の川ぜったい見るぞ一年ぶりに　荘田　恵里
○へちまさんぐんぐんのびて背を越して緑のネットが小さくなるまで　佐藤　琴美

○ダンゴムシころころ丸まりにげるんだぼくがいないとまたうごきだす　安部　武志
○さいている夏コスモスがまっ黄色ちょうもくるくるハチもよってる　後藤友里奈
○夏近く戸上小学校どこ見てもきらきら光る運動場きれい　堀　睦実
○ヒグラシが鳴いて終わるか夕方の空は赤色夕やけの空　菊池　英哉
○不思議なやつ丸まってもどるダンゴムシ卵を産んで幼ちゅうできた　中村　隆介

五年

○緑ある戸上小はぼくらみな元気いっぱい楽しすぎるよ　阿南恵之助
○家にいる熱帯魚の名前はねネオンテトラと赤白グッピー　堀　克行
○新しい戸上橋ができたんだ古い石橋喜んでいる　漢　真未子
○戸上橋一番古い石の橋新しい橋のお父さんになる　神野　美里
○図工の絵ぞうさん池をかいているだけど雨降りなかなか進まん　長野　美樹
○古い橋新しい橋に変わります八月楽しみ新戸上橋　大塚　勇太
○橋で見るきれいな川の水の中時々魚が走っていくよ　川野　孔明
○戸上の自然がいっぱいその中に笑顔も渡す新しい橋　内藤　嘉乃
○川光る魚がはねる野津川に戸上橋も光かがやく　亀井　隆行
○太陽が校庭の水たまり照らしてるゆっくりいつかじょうはつするよ　後藤　眞弥
○野津院川ぼくが生まれたときもあった川今でも魚がとびはねている　波多野光亮

六年

○野球のとき外野にフライ飛んできて取ってホームへ投げて返した　漢　敦彦
○ホンホケキョウうぐいすや声聞こえるよ何に向かって叫んでいるの　菊池　恵利
○いつもなら聞こえるはずの鳥の声でもなぜか今日しーんとしてる　大塚　美月
○春風にふかれてゆれるいちょうの木何だかとっても気持ちよさそう　中村　涼
○いちょうの木葉っぱの色は緑色少しやけると黄色になるよ　赤嶺　大樹
○戦争のない平和な世界願ってるそうなるように勉強するよ　高橋　里江
○青空に雲がいっぱいあるんだよいろんな形おもしろい空　安部　大志
○外を見た緑の葉っぱつけている丸々太ったいちょうの樹　佐藤　晃則
○桜花春になったらさいて散る春しかさかぬさびしい花だ　志賀　健太
○四月過ぎすずめが五羽もやってきたがんばって空飛んで行く春　渡辺　恭子
○花さくらかすかにゆれてる動いてるとなりの桜木葉一枚もない　吉田　忍
○ほととぎす鳴く声聞こえ春過ぎて鳥たちの歌空を飛んでる　鍋嶋　晴香
○れんげ草田んぼにたくさんさいている光を受けてかがやいている　後藤小百合
○身体検査してみて身長伸びていた視力もAで満足気分　堀　真由美

これらの子どもたちの短歌作品は、戸上の自然の歌、学校生活や家庭生活、あるいは登下校時の子どもの生活の率直素朴な歌である。

表現の工夫＝解りやすさとか読む人をも感動させる力とかにおいてはまだまだ十分とはいえないが、

粗削りでも個性あふれる歌ではある。わたしはこの子どもたちの作歌に付き添いながら「子どもの感性は豊かである」ということを改めて知らされてきた。

これからも時々子どもの短歌創作を支援しながら私自身が力をもらい、よみがえる時間にもしたいと思うのである。

新戸上橋に刻まれるこれらの歌は、子どもたちにとって生涯の財産となるであろう。

◇戸上小学校づくり・園づくり◇

「学校づくり」というと斎藤喜博の群馬県島小学校の学校づくりが今もなお私の遠く大きな目当てとしてあるが、校長（園長）二年目の私の仕事はほんの緒についたばかりであり子どもたちや先生たちに学びながら戸上小・幼稚園の学校・園づくりをたどたどしく進めているのが実態である。「授業を中核に据える」とか「子どもの人間としての権利の尊重」とか方針だけは出しているが、そこまでである。本格的「学校づくり」はまだである。

だが焦ってはいない。十三名の先生方と四十九名＋七名計五十六名の戸上の子どもたちと楽しみながら、じっくり「学校・園づくりの道」を進みたいと思っている。その一端を昨年来の歩みから一つずつ紹介したい。

◇学校づくり1「ぞうさん池」の復活◇

着任して早々に児童玄関前のひょうたん型の観察池が涸れているのを見た私は、子どもたちのために何とか復活をしたいと思った。幸い今は使われていない井戸の水があったので早速教育委員会にお願いもして井戸水をパイプで引いて水源とした。またかつて卒業記念でぞうさん像の噴水のある池を作った事があったということを知り、(今のひょうたん型の池は別のものであるが)　何とかぞうさん池としてよみがえらせたいとも思った。私の小学校中学校の同級生で今は石材店の社長をしている人にそんな話をすると二つ返事でぞうさんの像を寄贈してくれることになった。

二頭の子どものぞうさん像に挟まれた大理石のベンチが池の前に設置され、今では子どもたちの貴重な語らいの場、池の鯉とのお話の場となっている。昨年の十月二十五日には池の前でかつての「ぞうさん池」のOBや教育委員会・来賓臨席の下、全児童園児全職員で復活の式典も行った。私もその記念の碑文に次のような歌を詠んだ。言わばハード面の学校づくりの一例である。

はるかなる想いをつなぎ戸上の子どもらともに明日へ生きる

◇園づくり1「園歌」制定◇

私の作詞作曲で園歌も制定した。子どもたちが顔を真っ赤にして元気いっぱいに歌うのをカザグルマの花が咲いたと思いながら聞いている。これはソフト面の一例である。

戸上幼稚園園歌

後藤清春作詞・作曲

一、カザグルマ花開く
戸上の道に
ひとみ明るく遊ぶ
みんなで仲良く歩くよ

二、鮎跳ねる水光る
野津院川に
声も大きく歌う
みんなで元気に走るよ

三、らららららら
らららんらん
緑の風を胸いっぱいにららら
みんなで明日へ進むよ

## 戸上幼稚園　園歌

作曲：後藤清春
補作：後藤悠子
編曲：村上千春

かざぐるま　はな　ひ　ら　く
とのうえの　みちに
ひとみ　あかるく
あそぶ　みんなで　なか
よく　あるくよ

▒解説に代えて

# 後藤清春が求め続けるもの

牧野桂一

## はじめに

ホームページ「斎藤教授学講座」は、かなり幅広い人々に影響を与え続けている。たまたまその中に私の名前も出てくるということで、問い合わせの電話などもいただくことがある。そのようなこともあって、私もこのホームページを開くようになった。

講座の一回一回の文章には、人間と学校への限りない信頼と子どもの可能性への確信が脈々と息づいている。そして、教師が子どもに学び続けることにより、人間としての成長を遂げ、教師としての仕事に大きな希望と勇気を与えてくれるものとなっている。

著者である後藤清春氏(以下一人の教育実践者としての敬愛の思いを込めて後藤と表記する)は、大分大学に入学して以来、今日まで三十年以上にわたって交友関係が続いている私の数少ない友人の一人である。私たちは共に斎藤喜博に憧れ、斎藤喜博に学び、子どもたちにとって解放された教室と学校を創ることを目指してきた仕事仲間と言っていいかも知れない。後藤が斎藤喜博とどのように出会い、何を学んできたかということについて、この講座は様々なエピソードを感動的に語りながら、人の出会いのただならぬ意味を教えてくれている。

本書は、一人の教師が教育という仕事に目覚め、子どもと共に成長していく過程が豊かに語られており、教育が決して小手先のテクニックだけでできるものではないことを教えてくれる。現在の後藤に即して言えば、後藤の五十数年の歴史と人生を懸けて、教育という仕事を展開しているのである。教育現場を離れ教育行政の仕事に関わっている私から見れば、この講座の事実によって、現場教師の仕事は世に稀なる魅力的なものであることをしみじみ教えられる。

「教師というこの上なく豊かな仕事を一人ひとりの教師に定年のその日まで勤め上げていただくことが教育行政の最も大切な仕事である」と常々指導されているが、その仕事の事実がこれほど豊かに語られている文章に出会うことも珍しい。自らの仕事を豊かに語れる人間こそが真の幸福者であるとするならば、後藤こそが最も身近な幸福者ということになろうか。

さて、本書の解説の依頼を受けて原稿に目を通してみて、本書に解説が必要かどうかということをずいぶん考えた。しかし、斎藤喜博の教育実践に憧れ続け、「斎藤喜博の求めたるところ」のものをひたすら求め続けてきた私たちの教育実践にまつわるエピソードを紹介することにより、後藤の教育実践がどのように発想され、練られ、磨かれてきたかということを読者に伝え、理解していただけるならば、それはそれで意味のあることかもしれないと考えるに至った。

そこで、解説というよりは俳句仲間の句集に添える跋文のようなつもりで、本書に関係のあるエピソードの幾つかを紹介しながら、その任を果たそうと思う。

## 後藤清春のあこがれた世界

私たちの学んでいた大分大学では、一九六〇年代後半のことだが、斎藤喜博の教育実践について教育学科の学生の間で大きな話題になっていた。それは、当時、斎藤喜博が所属していた教育科学研究会の全国的なリーダーでもあった坂本清泉氏の講座の影響が大きかったようである。私たちも当然その講座を受講していたわけであるが、当時、何度も島小学校へ通い、直接その指導にも触れていた坂本氏の島小の授業に対する話は熱かった。ゼミの中で坂本氏は、島小で教師同士が「さん」づけで呼び合っていたことを真似て、学生たちに自らを「坂本さん」と呼ぶように要求したりもしていた。『島小の女教師』『授業の創造』『学校づくりの記』などの斎藤喜博の著書を次々に紹介し、私たちにその感想を求めていた。私の場合で言えば『可能性に生きる』をむさぼるように読み、まったく無気力で投げやり的であった教員養成大学の学生生活に学ぶ意味を見い出し、希望を掴んだ感動は今でもはっきり覚えている。

そういう教育学科の中で、「宗教的」「献身的」「文化的・芸術的」教師の典型としての斎藤喜博について、当時、三島由紀夫の美意識に影響を受けて小説を書いていた後藤に「反斎藤喜博」の論をこれまた熱く聞かされたことをなつかしく思い出す。

この当時、議論の中心になっていた「宗教的・献身的」な側面として、後に後藤は吉田松陰に出会い、「文化的・芸術的」な側面として、徳田白楊に出会っていることが本書の中で紹介されている。

私もまた「宗教的・献身的」な側面としては親鸞に出会い、「文化的・芸術的」な側面としては芭蕉に出会うことになる。

後藤の吉田松陰論は斎藤教授学との出会いによって、その後、新しい光芒を放つことになり、幕末を生きた優れた教育実践者としての松陰像を生き生きと展開するようになった。私たちが出会い影響を受けた先人や書物などに話が発展する時、それはいつも斎藤喜博と繋がっていたのである。斎藤喜博の影響が半端なものではないということをしみじみ考えさせられるのである。歳の隔たりは数十年もありながら、斎藤喜博と同じ時代を生きることができたことが私たちのそれからの人生を決定づけたと言っても言い過ぎではないだろう。

ついでに紹介すれば、斎藤喜博がアララギにおいて生涯土屋文明の選を受け続け、そのアララギの感性を大切にしたこととの影響は、後藤においては「徳田白楊忌」の立ち上げや児童生徒短歌コンクールによる児童生徒への短歌創作指導となり、私の場合も有馬朗人の主宰する「天為」俳句への参加へと発展しており、お互いの教育活動と今も深く関わっている。

その後、私自身の人生の重要な支えとなった親鸞についても、斎藤喜博を縁にして出会い、学び始めたものである。晩年の斎藤喜博の指導する研究会に参加した時、斎藤喜博と直接話す機会があり「どうして先生はそんなにも子どもに優しく対応できるのですか」という質問をしたことがある。その時「私はそんな人間ではない。日々反省し慚愧に耐えない生活をしている。

そんな私だから、歎異抄は空で暗記しているし、身近に親鸞の書いた『教行信証』を置いて、ことあるごとに繙いている」という答えを返してもらった。その言葉を機に、私は『歎異抄』を読むようになり、随分難しい内容ではあったが『教行信証』もまた読むようになり、親鸞を学ぶようになったのである。斎藤喜博の著書の中には親鸞との関係や『教行信証』について触れている箇所を目にしたことはないが、意識して読んでいくと、その根底に親鸞の思想が脈打っていることに気づかされるのである。

そのことと関連して、後藤から斎藤喜博の指導する公開研究発表会の会場での次のような話を聞いたことがある。それは合唱の発表の時であった。見事に歌曲を歌い上げている子どもたちを前にして、多くの参観者が子どもたちではなく、指揮をしている教師を見ていたというのである。斎藤喜博は、そのような参観者に対して「目の前であんなに子どもたちが美しく、一生懸命に歌っているのに、どうしてそれを見ようとしないで、指揮をしている教師ばかり見るのか」と厳しく注意をしたことがあったという。『教行信証』の中に月が出ていて、それを指さして教えたところ、肝心の月は見ないで指ばかり見るということが「指月の教え」として説かれている部分がある。悲しい人間の性である。この研究会のエピソードなど『教行信証』が説くところの「指月の教え」そのものであることを知らされる。

## 事実からの出発

大学を卒業してからは、後藤との交流は急速に減少し、全県的な集会などで思い出したように出会うという程度になっていた。

交流が少なくなって十数年の歳月を経たころである。大分大学で斎藤喜博が集中講義をした。そのことをきっかけにして後に、斎藤喜博に縁のある大学の教官、学生、教育現場の実践者が共同で教育実践にかかわる研究をする場が野村新氏を中心にできあがった。その場で私は後藤と再会を果たすことになる。

その時の後藤は、埼玉県への県外派遣教師としての任務を終え、地元の小学校に帰っていて、そこで作ったサークルの仲間数人と一緒に参加していた。彼は埼玉県で斎藤喜博の教育実践に直接触れる機会に恵まれ、斎藤教授学の優れた実践者に成長し、リーダーとしての風格も身につけていた。話の内容も自らの実践に基づいた具体的なものであり、実際的なものであった。そして、発表の時にはいつも事実としての授業や子どもの歌っている録音テープ、子どもの描いた図画の作品など、子どもの姿が見えるものを提案していた。そうした折りに後藤の話に時折出てくる斎藤喜博の名は、同じ時代を共に生きている身近な人であるという実感を私たちに強く与えてくれるものであった。

私は大学四年の時、福岡県であった教育科学研究大会の教授学部会に参加し、すでに斎藤喜博の指導を受けるという経験をしていたし、大分市での教育講演会などでも斎藤喜博の話は聞いていたのであるが、この時、後藤が語るほど実際の自分の実践と結びつけては、感じ取ることができていなかった。

この研究会を通して、私たちはこれまでの空白を一気に埋めるように頻繁に交流するようになり、教育論、文学論、芸術論、果ては人生論まで夜を徹して時に酒も酌み交わしながら激しく議論するようになった。

## 本物の魅力

人に言わせると、後藤と私ほど対極をなす人間はいないという。二人を結ぶ共通点と言えば、斎藤喜博くらいしかないのではないかと言われる。それはそれでその通りだと思う。しかし、私たちにとっては、斎藤喜博の教育実践に憧れ、斎藤喜博その人に学んできたわけであるから、他の人が言うよりは、共通点を持っていると思っている。しかし、二人の違いがまた、何ものにも代え難い魅力になっているのは確かである。子どもの絵を見ても、合唱を聴いても、文章を読んでも微妙にその感じ方が違うのである。このような私たちではあるが、斎藤喜博の実践を学ぶ姿勢は共通していた。二人とも、本物の授業、本物の教育を求めるために斎藤喜博が指導している学校の公開研究会への参加意欲は高く、困難な条件を乗り越えて参加し続けたものである。それを私たちは本物を見つける旅、自分探しの旅などとそのころは称していた。

当時の我が国の首相がフランスを訪問し、美術館を訪れたことをテレビで報道していたことがあった。そこでの名画の鑑賞の感想として「本物はいい」というようなことを言ったと言うことが報道されていた。それを聞いて、私たちは首相の他の発言はいざ知らず、「本物はいい」という言葉だけは名言だと褒めて、研究会に参加することに苦言を呈していた周囲の批判に勝手な論理で反発していたことを思い出す。

後藤が本書の中で一貫して述べているように、斎藤喜博につながる本物の人間、本物の授業は、それを求める者を背骨から突き動かしている。後藤は、その出会いの感動を驚くほど丁寧に記録している。別の見方をすれば、記録せざるを得ないほど深く感動し続けたのであろう。私も公開研究会に参加した後の溢れる思いを何度か手紙で研究校に送ったことがあるが、その学校からの丁寧な返事にもう一度感動したものである。

本物に触れた者のみが知る本物の魅力というものがやはりあるのである。斎藤喜博が島小や境小の教師たちに音楽会、芸能、絵画のみならずポリショイサーカスまで見ることを薦めたのには、人間の成長に関する基本的なしかも重要な認識がそこにはあったからだろう。

後藤の周りにもマージャンやゴルフにばかり熱中していた教師がいた。しかし、後藤たちとの研究活動に加わるようになって、その教師たちが音楽会や美術館に通うようになったという話を聞くようになったり、私たちの研究サークルから、県民演劇、県民オペラ、第九を歌う会など、県内で行われている一流の文化活動に参加する仲間が増えてきた。そのことも本物に触れ、自己変革を遂げてきた教師の姿を物語っているのかも知れない。

後藤が石の上に蒔き続けた種が二十数年を隔てて、芽を出し、根を張り、幹を伸ばそうとしているのである。本物の魅力は石の上にもいのちを育むのである。

## 大分と斎藤喜博そして後藤清春

斎藤喜博と大分は戦前からさまざまな関係があったようである。その関係は短歌結社アララギにまつわっている。それは瓜生鉄夫氏を縁にしたものだった。瓜生氏は戦後の大分歌壇の中心的な指導者であり、大分のアララギの中心的人物であった。私が七十年代の初めに、短歌の手ほどきを受けるために訪ねたことが縁で、瓜生氏に話を聞いていた時、「斎藤喜博とは土屋文明主宰のアララギの同門であり、私の招きに応じて斎藤喜博は数回にわたって大分に来たことがある」ということを教えてくれた。大分県の戦後短歌史によると、大分県の歌壇の招きによって大分に二回来たことが記録されており、日田を初め県内のいくつかの名所を巡っているようである。また、同じアララギの同人で教師をしていた高木正氏も斎藤喜博とは深い付き合いをしていたということを聞いたことがある。氏には「聾児らよ不自由児らよ」という子どもたちと学校の生活に焦点を当てた歌集があるが、そのあとがきでも斎藤喜博との交流のことを紹介している。その中で、斎藤喜博が島小の職員旅行で別府を訪ねた時のエピソードが書かれている。そこには、斎藤喜博が土屋文明からもらった「教育とは渚の砂遊びに似て、はかないもの、積み上げてもすぐ波に浚われる。しかし、自分がやらなければだれがやるという気概を持ってやって欲しい」という手紙を紹介しながら、当時障害児教育に打ち込んでいた高木氏に「実践によるしかないですよ。成果が上がりにくい教育ほど記録を細かくすることですね」と助言を受けたということが、喜びを込めて記されている。

後藤の地域活動につながる仕事として、本書の中で取り上げられている同郷の歌人、徳田白楊の顕彰がある。その白楊と土屋文明、そして瓜生鉄夫と斎藤喜博、さらには斎藤喜博と高木正へと続き、大分と斎藤喜博は脈々とつながっていたのである。それはまた現在、徳田白楊顕彰の会「白楊会」会長である歌人の渡邊定秋氏とも繋がってきているのである。これらの関係を明らかにし、結びつけることができたのも、後藤の授業と教材研究へ寄せる情熱のなせる結果であった。

斎藤喜博の教育に対する「はかなさ論」が、アララギの美学としてよく話題になるけれども、「自分がやらなければだれがやるという気概を持つ」という積極的な部分を多くの人たちが落として理解してしまっているのではないだろうか。「はかなさ論」を土屋文明の一連の文章としてとらえるならば、それは、決して投げやりでも、諦めでも、虚無でも、消極的でもないのである。

「雨が降る」だけではなく「槍が降ってくる」ような困難に突き当たった時でも、後藤は、斎藤喜博が土屋文明から受け継いだ「自分がやらなければだれがやるという気概を持つ」という積極的な部分を自らも受け継いで、教育実践を進めていることを教えられる。保守的で退廃的な教師に足を引っ張られるだけではなく、「槍を脳天に投げつけられる」ような教育界の現状にあっても、むしろそれをバネにして自らと子どもの現実を切り開いていく後藤のエネルギーは土屋文明から斎藤喜博へと繋がる血脈の中からこんこんと生まれ出ているのである。

## 教材を生きる

後藤は授業研究でも多様な形態を持ち込んで実践してきた。特に初期の頃は、サークル「第三土曜の会」を組織して、お互いが離れた地域の離れた学校に勤務しているわけだからということで、土曜日の午後などにそれぞれの学校を訪問し合って、交代で授業をしたり、お互いに介入授業をしたりして、できる限り実際の授業を通して、具体的に問題点を議論してきた。実践者として言いっぱなしややりっ放しと言うことは許されない。目の前の子どもを具体的にどうするかという現実の問題に対する答えを出すことができなくて、いくら議論をしても、それは空論に過ぎない。パンを求めている子どもにパンを与え、水を求めている子どもに水を与えることができなければ、それは指導でも援助でもない。これまでは授業研究という名の下で、多くの学校でおよそ授業研究とはほど遠いことが行われてきたのではないか。

そのような反省に立って、後藤は、どこまでも実際的な指導ということを大切にしてきた。一人ひとりの教師が子どもの前で授業と呼ぶことができるような教師の営みができるようになるためにと旅館を借り切って、実際指導を中心にした合宿研究会を行ったりもした。最近では、このような方法は現在では「ワークショップ形式の体験型の学習」として多方面で取り入れられるようになったが、当時としては「変わった研究会」として異端視されることも多かった。研究会というとそこに初めからお土産があって、それをもらって帰るというように考えている人が多かったが、私たちは、参加者がみんなで汗を流して創り出すことをやっていたのである。だから、参加者の誰もが傍観者ではいられない。それぞれが問題解決のために知恵を出し合って、参観者を対象に実際に教師の立場に立って、指導を試みるのである。このようにみんなの前で自分をさらけ出すということに慣れなくて、研究会を抜けていった人もけっこう多かったことも事実である。

斎藤教授学の授業研究会のもう一つの特徴は、徹底した教材研究にある。授業を大切にするためには、どうしてもそこで扱う教材について徹底的に理解し尽くしておかなければならない。教材を理解するとはどういうことか。教材と教師である自分が一体化するまでに学び尽くすということであろうか。勉強会の中で後藤が、北海道のある美術教師がロダンの「考える人」を扱う授業をするために、わざわざ上野の美術館にまで見に行ったという話をしたことがある。後藤と同じように音楽の授業を自分でしようということでグランドピアノを買うというような仲間のことも紹介されたりした。一つ一つの言葉を丁寧に理解し教材解釈を深めるために小学館の国語大辞典二十巻を揃えた人のこともよく話題にしていた。そこには授業者としての後藤の教材にかける思いが込められており、教材に対する思いの深さを知ることができる。つまり、教材は授業の命と受け止めて大切にしているのである。

私も何度か後藤が中心となって開いていた、地域の研究会に呼ばれて、教材研究の勉強会をしたことがある。そこでは、教材文の一行一行を一字一句も疎かにすることなく読み込んでいた。一字の違いでまったく世界が異なるような文章に出会うと、「一字が万字」などと冗談を言い合いながら、教材解釈のおもしろさと大切さを学んでいたのである。丸一日掛けてたった一行の文章を解釈したこともある。

ここでも後藤の教材文の読み方は、きわめて個性的であった。文学作品などの解釈では、その隅々に至るまで、彼の小説の書き手としての感性が輝いていた。「作品を読む」だけではなく「作品を生きる」という解釈の視点が、作品の中の言葉の一つ一つに命を吹き込んでいくのである。後藤が解釈すると文章が立ち上がってくるのである。

「春」という坂本遼の詩を解釈したことがあるが、「大きい　美しい　春」という言葉の深さに打ちのめされている時、「詩」という字を偏と旁に分ければ、「言葉によって一寺を立てる」とも読めるということに気づいたことがある。詩というのは僧が一宗一派のために寺を建てることと匹敵するくらいに読む者に対して大きな意味のあることであったのである。

宮沢賢治の『雪渡り』という作品を後藤と解釈したことがある。何十回となく読み重ねながら、夜明けまで賢治の作品の世界を探っていったのである。そして、新しいことを発見するたびに私たちの読みは深まり、朗読のリズムは高まっていった。解釈を深めていく中で私たちは賢治の澄んだ作品世界に引き込まれ、私たちが賢治と同じ日本人であることをしみじみと喜び合い、賢治の作品を母国語で読める幸せを感じ合ったのである。夜明けを迎えたその日、私たちは気持ちの高ぶったまま授業に望んだ。その中で学んだことは、教師が教材解釈を深めれば深めるほど子どもたちは強くなり、逞しくなって挑戦してくるということであった。教師は一層強くならなければならない。弱い教師を子どもたちは許さないから。

人の解釈を借り物にして、もっともらしい理屈を述べたり、どこか類想の匂いを纏うようなものを自分の解釈のように得意げに語る教師が多い中で、後藤の解釈は常に独創的で、そこにはいつも新しい発見があった。本書の副題ともなっている「斎藤喜博の求めたものを求め続けて」という言葉からも伺えるように、彼の実践の総体は、決して斎藤喜博の模倣ではないのである。この言葉は芭蕉が南禅禅師の戒めの言葉として引用する「古人を求めず古人の求めたるところを求めよ」という言葉を基にしていると思うのであるが、斎藤喜博の創作者としての新鮮な発想や表現の独自性は、小説を創作し短歌を詠う後藤の中で血となり肉と化して生き生きと引き継がれているのである。

「跳箱を跳ぶことを生きる」「ステップを踏むことを生きる」「絵を描くことを生きる」「朗読することを生きる」というような言葉に代表されるように「教材を生きる」ということが、後藤の口から出てくると急に光を放ち現実味をおびてくるのは、後藤自身が「跳箱を跳ぶことを生きており」「解釈している作品を生きている」という事実があったからである。同じ言葉を口にする人でも、実にあらましな跳箱の指導を見せつけられたり、誰でもがしゃべるような薄っぺらな解釈を聞かされたり、誰かが書いてあることをそのまま丸写しにしてしゃべるような教師に出会うと呆れるどころか反発すら感じてしまう。刻々の生を子どもとともに生き、教材とともに生きる営みこそ教師がこの上なく美しく行う「人間宣言」の姿である。波間を漂う泡のような教師の仕事が、日の光を一杯に浴びて宝石のように輝く瞬間である。

## 授業に隠されている不思議な力

授業の中で子どもと向かい合っている時、空気の微かなゆらぎでその子の考えていることが、すっぽりとこちらに伝わってくる時がある。子どもたちにも同じようにこちらの考えていることが、そっくりそのまま伝わることもあるのではないだろうか。

後藤の授業の中で、ある子が発言していて途中で立ち往生してしまった時、別の子どもがその子に変わって説明したりすることがある。そうすると、立ち往生してしまった子どもがにこにこしながら、自分の代わりに説明してくれた子どもに「そうそう、ぼくもそう言いたかった」と言うのである。後藤が子どもの説明を補ったりすることもあるのだが、その時も同じように、にこにこしながら「そう言いたかった」というように嬉しそうに頷くのである。どのように丁寧に記録を取っても、その場にいなければ伝えることができない授業の不可思議な一面である。適度な緊張と授業への集中が言葉を越えたコミュニケーションを成立させているのだろう。

私たちの日常では、確かに言葉によるコミュニケーションが大切なのであるが、授業にはそれを超えるコミュニケーションもあるのである。授業では「言語道断」という言葉があるように言葉ではなかなか伝わらない事柄の本質を一瞬のうちに伝えてしまう大きな力が隠されているのかも知れない。感動の極は無言であるとも言うが、授業の終わった後、その授業に浸りきって立つことを忘れてしまった子どもを後藤の教室で見たことがある。

坂本清泉氏が、私の教室を参観した時などに、島小を参観した時の印象としてよく「島小では先生が随分難しいことを問いかける。だけど、それを子どもたちがよく受け止めて答えるんだよなあ」「島小の授業には哲学があるんだなあ」というようなことを口にしていたことがある。その言葉を聞いた当時は、どうしてもその意味が理解できなかったのであるが、後藤の授業には、その答えが私にも分かる形で用意されていたのである。

そして、言葉では十分な伝達ができない知的障害児の養護学校で授業するようになって言葉を超えて人間が人間を伝えるという後藤の授業の質の高さは、私にも理解できるようになり、それを目指すようになった。そして、そのことが私にとっては障害児教育の究極の目的であると思うようになったのである。

三年間文字を教えられることなくきた知的障害児の養護学校の子が一ヶ月足らずでひらがなを読めるようになり、書けるようになった実践の裏には、理屈や常識を超えた心の通じ合いということがあることを教えてくれた後藤の授業の姿が私にはあったのである。

## 授業における間

後藤の授業に立ち会っていて感じる彼の授業の特徴の一つに、その間合いの長さがある。じっくりと腰を据えて子どもと四つに組み合って進めているという印象が強い。実際に授業をやってみると、これがなかなか難しいのである。私の場合は、冗談で「牧野の間の字は間抜けの間の字」などと子どもたちにからかわれるように、せっかちであったり、ぼんやりしていたりするので、よほど気をつけないと子どもが言う通り「間の抜けた」「間のない」授業になってしまうのである。ゆったりとした大河の流れのような彼の授業は、狭い水路を無理矢理に流すような授業していた私にとっては、ことさら魅力的であったのである。

後藤がどうして時間をかけてじっくりと子どもたちを待ち続けることができるのかということを考えてみると、そこには、子どもたちへの限りない信頼と自らの教材解釈への自信があるように思う。「いたずらっ子はいたずらっこなりに、やんちゃな子はやんちゃな子なりにそれぞれの子どもの発想を大切にする」という後藤の子ども観が授業の姿にまで高まっており、十分に間合いを取った授業の流れとして実現しているのであろう。

それは単に時間的なものだけではない。跳箱を跳ぶ時の前後の間隔にも、表現活動やオペレッタで立つ子どもたちの空間構成にも、一人ひとりの子どもが人間としての存在をかけて立つ厳しい、しかし、豊かな構成がなされているのである。

近年、心理学関係の研究者から斎藤喜博の授業をカウンセリングという観点から分析し、カウンセリング過程の成立を実証する論文が出ていて、それを目にすることがあるが、私は後藤の授業にも同じものを感じる。子どもたち一人ひとりを徹底して受容し、その子どもたちの内面に秘められている、子ども自身にもはっきりとらえられないものを形にして引き出してくる。そういう面では、きわめて優れた心理技法である。あえてカウンセリングだ心理技法だなどという概念を持ち出す必要はないが、授業が極めて人間的な営みであるがゆえに優れた授業というものは、様々な理論に適合されるのであろう。それは箱庭遊びをユングの心理学の理論に乗せて、箱庭療法を作り出したことと似ている。

一方、後藤の介入授業の記録も本書には紹介されているが、その中で彼は、声を揃えて読んだり、人の読みに合わせようとして自分を出さないで画一的に行動しようとすることに対して、一人ひとりの主体性を生かして、決して他に迎合しないようにくどいほど指導している。授業の中では「一人で立ってみんなで歩く」ということを彼もまた一人ひとりの子どもたちに求めているのである。

四年生に対する「鹿」の介入授業の記録が紹介されているが、その中で授業者が教材文の一部を伏せ字にしたものを出している場面があった。彼はそれを一応認めて、授業を進めている。伏せ字などという小手先の誤魔化しのような技術を使った授業展開を若い頃の後藤であれば決して認めなかったであろう。しかし、後藤はそう言った自分の考えを初めから出して若い教師の発想を否定するようなことはしなかった。むしろそれを受け容れて授業に望んでいる。後藤がついておれば、そのことから正しく学び、授業者としても自己変革のきっかけを掴むことができると思ったからであろう。その後藤の態度を見て、私は教師として、人間として一回りも二回りも大きくなった後藤の授業者としての姿を見る。子どもと共に教師もまた育つものである。そういうことを学校づくりの責任者としてしっかりと受け止めていることを教えられる。

## 息をすることと生きること

後藤は本書の中で一つのユーモアとして、言葉の語呂合わせのようなことをしている部分があるが、私たちはよくこれをやっていた。それらの中には「おやじギャグ」と言って顰蹙をかうようなものもなくはなかった。ここでいう「息をするということは生きること」ということもその一つではあったが、私には強烈な影響を受けた言葉である。

後藤は、合唱指導や跳箱指導などでことのほか呼吸を大切にしていた。そして、それを説明するのに「生きるということは息をすることだ」という譬えとして使うことが多かったのである。後藤がそれを言うと、それは妙につぼを押さえていて説得力があり、私たちを納得させた。他の人たちも同じことを言うことがあるが、後藤ほど指導の事実とくっついた説得力はなかったので、語呂合わせだけが目に付いて素直に受け容れられなかった。

後藤の呼吸に関わる指導には、いのちを中核に据えた授業展開の思想があるように私には感じられた。私は跳箱指導の現場に立ち会った時、インドのヨガのことに思いが至ったことがある。ヨガでは呼吸はアートマンと言って、私たちの肉体が日常的に宇宙といのちの交換をする重要な営みと見なすというのである。後藤の指導では跳箱であったので体の動きはヨガとは違うのかもしれないが、本質は同じではないかとその時強く思ったのである。その思いは、その日の内に後藤に手紙に書いて送ったのであるが、そのことを今も鮮明に覚えている。

私が養護学校で障害のある子の指導に取り組むようになった時、彼の「生きるということは息をすることだ」という言葉ほど支えになったものはない。「言葉のない子の言葉の指導」や「麻痺のある子の体をほぐす指導」とこれまでは、実践者があまり重視しなかった呼吸の仕方を取り入れた方法で新しい事実を創り出すことができたのも、彼の実践していた合唱や跳箱での呼吸を大切にした指導が下敷きにあったからである。

それだけではない。養護学校を出て、大分県教育センターの言語治療教室で言語障害児に対して言語指導する時にも多くの示唆を受けた。そこでの言語指導の方法では、彼の呼吸法は大きな支えとなり、全面的な改訂を行うための多くのヒントを与えてくれた。さらに、その後の教育相談の仕事でも、臨床心理学の立場から安易に相談の場に持ち込まれていた心理療法を、後藤が教えるいのちの交流を目指した呼吸法を取り入れて見直し、「人間として生きる」ことに力点を置いて改善を重ねていった。その結果、心理療法が限りなく授業に近いものへと改善されていったのである。

その結果、教育センターでの二年目からは、言語治療や様々な心理的な働きかけを、私はそれぞれの子どもたちのいる教室に出向いて、授業という形で行うようにした。後藤の「生きることは息をすること。授業とは、人間の息の仕方を教えることである」という考え方は、それほど示唆に富んだものであったのである。

今年も後藤の正採用新任地である玖珠町で久留島武彦を顕彰する童話祭が開かれた。今回は縁あって私の俳句の師である有馬朗人氏を招いたので、私が指導している俳句教室の子どもたち三十数名と参加した。会場には町全体を横断するように大小の鯉幟が九重の山々の風を孕んで元気よく泳いでいた。それを見た幼稚園の子どもが私に「先生、鯉も息をしたから命をもらったのかな」と話しかけてきた。そして「こいのぼりママといっしょにうたってる」という俳句を作って私に見せてくれたのである。

もはや後藤の影響は自分でも計り知れないほど深いところに息づいて、私を突き動かしているようだ。

### 授業の形骸化を乗り超えて

後藤は、講座の中で、最近の教育現場の停滞と堕落の現状を見て、「失われた十年」という経済界の言葉を当て嵌め、今こそ、この状態の本質的根本的解決のために「授業の再生」「教育の再生」「学校の再生」を提言している。

後藤はまず、その末期的な現象として、形式的な授業の傾向を取り上げて検討を行っている。いわゆる「法則化運動」として拡がってきた教育方法のハウツーものの持つ功罪についても、その罪の深さを「追試」を「墜死」と読み替えて痛烈に批判もしている。お茶や生け花、踊りなどに見られる家元制度のような体系的・総合的な指導体系を持たぬまま、一部分を取り上げて、その教え方だけをマニュアル化しても、その指導は大変浅いものになってしまい、教育という営みとは限りなくかけ離れたものになってしまうと私も思うのである。

私のやっている俳句の世界でも「やさしい俳句の作り方」などというような本を何冊読んでも俳句はうまくならないのである。それどころか、下手になって俳句が嫌になり、結局止めていってしまうのである。私は「やさしい俳句の作り方」を読んで一家をなした俳人をいまだ知らない。しかしこの「やさしい俳句の作り方」なる本がよく売れるのも事実のようである。そのような怠け者に迎合した「ハウツーもの」や「マニュアルブック」は俳句を大衆化することには役に立つかもしれないが、決して読む者を感動させるような質の高い作品を生み出していくことには繋がらず、かえって害になっているのが事実である。俳句の基本は、今も昔も芭蕉の言うところの「ものの見えたるひかりいまだ消えざるうちに言い止むべし」であり、「松のことは松に習え、竹のことは竹に習え」であり、徹底して「もののいのちを見る」ということに尽きるのである。どうしてもマニュアルの欲しい者に対して芭蕉は「俳諧は三尺の童にさせよ」と言い放つ。

それは教育界や俳句界に限ったことではないようで、仏教界でも同じようなことが言われている。末法では釈尊の教えが形骸化してしまい内容が無くなってしまうという。そのような時代であればこそ、その時代に生きた親鸞は「義なきをもって義となす」ということを教え、形骸化した仏教教団を否定したのである。つまり「形無きをもって形となす」というのである。個性のある子どもたちに対して、形式的な授業をすることは、その根本が間違っているのである。一人ひとりの子どもたちに自由自在に対応し、自由自在な方法で導いていくことが授業の中では求められているのである。

本来このことを否定する人はそんなに多いとは思えない。宗教家にしても、職人にしても、芸人にしても、武道家にしても、一流を目指す者はおおかた小手先の技術ではなく、そのものの本質を踏まえた基礎・基本を徹底的に教え込まれる。それは技術にくっついた思想をきっちりと学ぶことにもなる。後藤が戸次達彦さんをはじめ多くの後輩たちに具体的な授業を通して強い影響を与えてきたように、これからの学校は、授業を通して教師自身の生き方をも確立していかなければならない。

その時、どうしても忘れてはならないことが本書の中で後藤が何度も強調している「斎藤喜博という人を求めるのではなく、斎藤喜博の求めたものを求める」という教えである。しかし、正直に言ってしまえば、私たちは長い間、この言葉とは裏腹に斎藤喜博の表面的な物真似を繰り返してきたという一面もある。真似ができればまだいいのであるが、実際は真似にもならない真似をしていい気になっていた過去もあるのである。今でも時々当時のことを思い出すと冷や汗の出るようなことがいくつもある。その一つを紹介してみる。そのころNHKの放送で斎藤喜博の「教える」という番組が放映されたことがあった。当然私たちはその番組をVTRに撮って何度も見返したのである。いつか私たちは全ての場面を完全に暗記するまでになっていた。そのような中で、私たちの仲間の定例の勉強会があった。その会での合唱指導を学ぶのに、それぞれが指揮の実技をしたのであるが、その格好がみんな斎藤喜博の動きの真似をして腰に左手を当ててやっていたのである。当時斎藤喜博は腰を痛めていたので、それを庇うために腰に手を当てていたということをその場で聞かされて、大笑いするというようなことがあった。

本書の中で著者がくどいほど何度も斎藤喜博を学ぶ学び方を述べているのには、このような実践者としての苦い経験が、その根底になっているのではないかと思う。

## 文化の創造者としての教師の仕事

後藤清春の授業論や教育論の根底に世阿弥が花伝書で説くところの「序・破・急」の教えが息づいていることを知らされる。平成十一年に新しい学習指導要領が出されたがその基本的な考え方で有名になった「不易流行」も花伝書の中に出てくる重要な教えである。共通理解のために、後藤がこれまで研究会などで説明してきたことを要約してみると次のようになる。

「序の段」は、誰でも初めは何事にも馴染んでいないので素直なおおらかな心を尊ぶ段階。

授業で言えば課題を与える導入の段階であり、横文字で言えばラポール形成の段階とも言えようか。

「破の一段」は、序の名残を大事にしながら、対象と馴染み一体となることを心がける段階。授業で言えば展開の一で課題を引き受けるという段階にでもなろうか。

「破の二段」は、全体の中心となるところである。「細かに手を尽くすべし」と述べているように心血を注ぎ、心を尽くして取り組む段階である。授業で言えば展開の二で課題を追求する段階に当たるのかも知れない。

「破の三段」は、最も高潮するところで全力を尽くして取り組む段階である。授業で言えば展開の三で課題を深めたり広めたりしていく段階かも知れない。

「急の段」は、全体の結びの段である。これまでのことを大切にして印象づけながら短く終わるというような段階である。授業で言えば終末の課題をまとめる段階ということになろうか。

このような整理の仕方では、後藤のとらえ方を十分には説明しきれていないと思うが、授業や教育活動の構成を考えると実に頷くことが多い。後藤が展開する表現活動やオペレッタの構成では、この「序・破・急」を意識して用いている。その背景には彼の古典に対する広い教養とそれらを読みこなしていく力のあることを教えられる。

高橋金三郎氏がかつてある研究会の場で「教師は年齢に百を掛けた数の本を読まなくてはならない。それをやらないで教師をしている者は信用できない」と発言したことがあるが、後藤はその言葉を誠実に実行し続けてきている一人ではないだろうか。

後藤のオペレッタの創作や表現活動の創作で見せる独創的な構成の裏には後藤の日常的な努力のあることも忘れてはなるまい。

## 教育運動の中での教育実践

斎藤喜博教授学に対する「二十坪の教育」批判は様々な形で行われてきた。その批判も大半は「二十坪の教育」論を基にした政治的社会的運動論からの批判であった。そこには斎藤喜博の実践に対する総合的な理解が浅かったり、政治と教育との関係に対する直情的な混乱を原因とした教育への認識の浅さが露呈しているのであるが、何よりも自らもそうであったように批判する人たちの実践の浅さ弱さを痛感させられてきた。

後藤は斎藤喜博の群馬県教組教文部長時代の仕事を引き継ぐように、大分県における教育研究運動の組織者として、幅広い教育実践を展開する。全国規模では第三十次全国教育研究東京大会では音楽教育の正代表として、第三十九次全国教育研究岡山大会では日本語教育の正代表として、第四十五次全国教育研究大阪大会に僻地教育の正代表として、学校あるいは地域ぐるみの教育実践の成果を発表している。

大分県規模としても大分県連合PTA指定研究として斎藤教授学の成果を公開発表している。これを見るだけでも、一人の教育実践の幅としては異例の広さを持っていることが分かる。後藤に蛇足の誹りを受けるかも知れないが、大分県においては正代表になることはそんなにたやすいことではないという現実があることも付け加えておきたい。それらの研究はどこまでも授業を基盤とした学校と教育の可能性を開く教育実践として一般にも高く評価されたものである。

斎藤喜博も本質的にはそうだったが、同じように後藤もまた、政治の問題や社会の問題に対して無関心ではないのである。むしろ人一倍強い関心を持っている。しかし、それが授業に組織されなければ教師としての実践にはならないという厳しい態度を自らに課しているのである。政治性や社会性というものは教師にとっては、どこまでも態度の問題であって、授業の事実こそが全身全霊を掛けるに値すると考えているのである。

## 未来を見つめる目

後藤は教師の出発点から、自らの生きる場所を教室と定め、今日まで学校と子どもを愛し、その可能性を信じ、未来を切り開いてきた。

後藤が子どもを語る時、授業を語る時、教育を語る時、その目は深く澄んでくる。いつしか自分の目も澄んでくるような錯覚に陥ることがあるから不思議である。

そのような私たちに、「教師は子どものことしか分からない井の中の蛙大海を知らずだ」と非難する人がよくいるが、私は「井の中の蛙大海を知らず」のあとに「されど空の深さを知れり」という句を敢えて持ち出すことにしている。

澄んだ子どもたちの瞳と故郷の空の青さが重なる時、後藤には地球の未来、人間の未来が見えているのではないだろうか。

## おわりに

私たちはこれまで実践検討会で「褒められたらおしまい」ということをお互いの戒めの言葉としてきた。後藤がこの解説を私に書かせ期待していたこともきっとそのような内容であったに違いない。しかし、ここにこのようにして具体的な事実として実践が示されてみると次元の低い注文はつけられなくなってしまったというのが私の本心である。斎藤喜博もある研究会で「自分の事実を超えるような事実に出会ったら、素直に打ちのめされたらいい」と話してくれた。「いいものには素直に感動したらいい」とも話してくれた。この解説では素直に斎藤喜博の言葉に従うことにした。

最後に、本書を読み終えて今も心に残っている私の思いを述べて筆を置きたい。

二十世紀の末期から、我が国は経済のみならず、政治も、教育も、文化も沈滞し抜けようのない闇の中にいるように見える。しかし、そのような闇を切り開いてきたのはいつも教育であった。今こそ、後藤が青春時代に命を燃やして研究した吉田松陰の教師としての生き方が灯火となる。

現在では命がけというと何か大げさなように聞こえるようであるが、人間、命をかけずに何が出来るだろうか。どうにかなるというような半端な態度ではどうにもならないことは、私たちの向き合っている現実が厳しく教えてくれる。この現実の問題を今解決しないでいつ解決できるだろうか。私たちがやらないでいったい誰がやってくれるのだろうか。「この身今生において度せずんば、更に何れの生に向かってかこの身を度せん」と古人も教えてくれているではないか。

死の間際まで学校に出かけて子どもの前に立ち、子どもとともに未来を語り続けた斎藤喜博は、今も私たちの中に生きている。最後まで、子どもと教師と学校に対して信頼と期待のメッセージを送り続けてくれた斎藤喜博に私たちも身をもって応えていかなければならない。そのことが斎藤喜博に出会い、斎藤喜博に憧れ続けた私たちの使命ではないだろうか。

斎藤喜博の実践者としての姿を胸に刻み、私たちに残してくれている言葉を自らに言い聞かせながら、親友後藤清春とこれからも「人間と教育の可能性」を実証して行くという課題を共有しながら本書の解説に代えたい。

（大分県教育委員会学校教育課特別支援教育推進室勤務）

# あとがき

この小著は、ホームページ「後藤清春の斎藤教授学講座」一三六回までの講座から選んでまとめたということは「まえがき」に書いた。その千二百枚にも及ぶ「講座」「リンク先の資料」から単行本の枚数に精選する作業はほとんど一莖書房の斎藤草子さんにしてもらった。だから本書は、「斎藤草子編・後藤清春著」とするのが本当である。斎藤草子さんに何から何までお世話になった。「あとがき」の冒頭にまず心からお礼を申し上げたい。

そして前大分大学学長で現文部科学省中央教育審議会委員の野村新先生には身に余る「序に代えて」を寄せていただいた。思えば大学以来今日まで節目節目に何かと先生のご指導ご示唆があって今の私がある。「サークル学級公開研」「ＰＴＡ研」「春を呼ぶ学校公開研」など、もし「後藤清春実践」というものがあるとすれば、それらはすべて野村先生の支援によるものである。「序文寄稿」のお礼と併せて改めて感謝したい。

さらに、大分県教育委員会の畏友牧野桂一氏には大変な忙しさにもかかわらず、氏の優れた識見による心のこもった「解説」を寄せてもらった。牧野氏は私がもっとも信頼する教育実践家であり、また新しい俳句を作り続けて全国的に注目されている俳人でもある。拙い私のこの小書を引き立ててもらった。全くいつものことながらお礼を申し上げるのみである。

私の校長としての「学校づくり」は今ようやく始まったところである。本書には何一つその事実は出ていない。これから何としても「私の学校づくり」を結実させなければならない。「子どもの可能性としての真の学力をすべての子どもにつけるような学校づくり」を具体的に目の前に実現させなければならない。

なお現在勤務している大分県野津町の井上治教育長には、いつも身に余る励ましと叱咤・多大なご支援ご指導をいただいた。改めて感謝するとともに今後のいっそうのご鞭撻もお願いしたい。

また、かつて同じ学校（大分県大野町立大野東部小）で何かと教え導いてくださった上、今日まで、教頭時代も校長になってからも、陰に陽に御指導御批正をいただきいてきている現大分県三重町教育長の玉田義征先生のご指導やお力添えにも改めて深く感謝するとともに今後変わらぬ厳しいお導きもまたお願いしたい。先生の率直な辛口の御批評、人間味ある御支援をたよりに私もこれからも新しい学校づくりにいっそう力を尽くして、応えていきたい。

本書の刊行に当たって、本文中実名を出させてもらった人々や手紙・感想・レポート・授業記録などの掲載を快諾してくれた方々にも本当にお礼を申し上げたい。

終わりになってしまったが、これまで私と同じ職場に勤め共に実践に汗を流した、しかもその過程で大変なご迷惑もかけた数多の先生輩同僚の先生方、そして私の拙い授業を受けてくれた千名にも及ぶかつての子どもたちに何と言ってもお礼を申し上げねばならない。子どもたちがいてこその私の仕事であったことはいうまでもないことである。

このような多くの人々のこれまでのご恩に報いるためにも、「子どもが人間らしく生きられる学校づくりの仕事＝私らしい学校づくり・授業づくり」に、最後のその日まで全力を尽くすことをあらためて約束して「あとがき」とする。

（二〇〇三年九月）

著者紹介

後藤　清春（ごとう　きよはる）

1948年3月11日大分県大野郡緒方町越生に三人兄妹の長男として生まれる。

1970年3月大分大学教育学部小学校教員養成課程卒業。

その年、地元の中学校での臨時講師（米山中、緒方中）をスタートに、以後大分県玖珠町八幡小、埼玉県八潮市立八潮第二小（現潮止小）、大分県緒方町上緒方小、緒方小、小富士小、大野町大野東部小、二度目の上緒方小と教諭として教育実践を続ける。

1996年4月より教頭として、清川村立東小、同北小、緒方小、三重町立三重東小に勤める。この間インターネットへの投稿、ＨＰ「後藤清春の仕事部屋」開設。

2002年4月校長となり野津町立戸上小に着任し現在に至る。

1990年より、居住地の大分県緒方町出身のアララギ派の歌人徳田白楊（1991～1933）を顕彰する会「白楊会」を立ち上げ、事務局長として「白楊忌」「徳田白楊賞児童生徒短歌コンクール」などを実行する。

2003年短歌結社「新アララギ」に加入。自身も「短歌創作」を始める。

1985年ＮＨＫおおいた「ビデオコンクール」で奨励賞受賞。「滝の音」

2001年度大分大学教育学部同窓会記念論文優秀賞受賞。

（「子どもの可能性を拓く短歌の指導」「夭折の天才歌人徳田白楊の顕彰＝「白楊忌」をとおして」

大学卒業時に文芸部活動のまとめとして「後藤清春創作集『美しい虎』」出版。

その後、教育実践の中で「一莖書房」「国土社」「明治図書」などに教育実践を発表。

現住所　〒979-6612大分県大野郡緒方町越生858
e-mail kiyoharu@mocha.ocn.ne.jp　HP http://www.asahi-net.or.jp/~bj6k-gtu

ＨＰ「斎藤喜博教授学講座」より

# 人間と教育の可能性

——斎藤喜博が求めたものを求め続けて——

2003年11月25日発行

著　者　後藤清春
発行者　斎藤草子
発行所　一莖書房

〒173-0001　東京都板橋区本町37-1
TEL　03-3962-1354　FAX　03-3962-4310

組版／論創社　印刷／平河工業社　製本／新里製本
ISBN4-87074-130-X　C3037